『古事記』に隠された「壬申の乱」の真相

関 裕二

PHP文庫

○本表紙図柄＝ロゼッタ・ストーン（大英博物館蔵）
○本表紙デザイン＋紋章＝上田晃郷

はじめに

解けない謎がある。

『古事記』の不思議である。

正史『日本書紀』の成立（七二〇）する八年前に、『古事記』は編まれた（七一二）。どちらも勅命《ちょくめい》によって編纂《へんさん》されたというが、なぜ同じ政権が、ふたつの歴史書を必要としたのだろう。しかもふたつの文書は、異なる外交路線を打ち出している。具体的には、『古事記』は朝鮮半島の新羅《しらぎ》に好意的で、『日本書紀』は百済《くだら》を「贔屓《ひいき》」している。つまり、『古事記』と『日本書紀』は、外交方針の異なる二つの視点から記されているのだ。これは、不審きわまりない。

新羅と百済は、憎しみあい、生き残りを賭けて激突した間柄だ。白村江《はくすきのえ》の戦い（六六三）で百済と倭国軍は、唐《とう》と新羅の連合軍に圧倒され、敗北した。百済は滅亡し、日本も滅亡の危機を迎えた。そして百済から、多くの遺民が日本に流れ込むと、八世紀の朝廷は彼らを重用し、新羅を敵視していくようになる。その中で、なぜ『古事記』の編者は「新羅に好意的」な態度を示すことができたのだろう。このような文書が、勅命によって記されたと『古事記』の序文は証言しているが、これは本当のことなのだろうか。序文の証言を裏付ける客観的な資料がないから、「『古事記』は偽書ではないか」と、疑われもするのだ。

『古事記』の謎は、まだある。

『古事記』は上巻で神代を詳述し、中巻で初代神武《じんむ》天皇から第十五代応神《おうじん》天皇にいたる歴代天皇の説話を語る。そして下巻で、第十六代仁徳《にんとく》天皇から第三十三代推古《すいこ》天皇までを記録する。ただし、下巻の途中から、具体的な史話は消え、天皇の宮や系譜だけを述べるに留まる。五世紀末から推古天皇の時代まで、なぜか沈黙を続ける。肝腎な話をしたがらないのである。

たとえば通説は、六世紀初頭の継体《けいたい》天皇の出現を、王朝交替とみなし、現在の天皇家は、この王家からはじまっていると考える。それならばなぜ、『古事記』は、継体天皇即位の経緯を語ろうとはしなかったのか。事情が飲み込めない。

六世紀から八世紀初頭にかけて、政局はめまぐるしく移り変わり、豪族たちの勢力図は入れ替わった。また、「天皇（大王《おおきみ》）」の位置づけも、大きく変わった。三世紀後半から四世紀にかけて成立した前方後円墳《ぜんぽうこうえんふん》体制も、廃止された。これは、単なる埋葬文化の変化ではない。宗教観や統治システムが入れ替わったのだ。

このように、『古事記』が割愛した期間は、いわば、激動の時代であった。この間の、愛憎、恨みつらみ、裏切り、欲望と殺戮《さつりく》、陰謀、多くの事件が、人々の記憶に焼き付き、敗れた者は勝者の非を訴え、勝者はみずからの正当性、正統性を唱え、敗者を貶《おとし》めるために、文書を記そうとしたであろう。それにもかかわらず、大切な時代の歴史を、『古事記』は語ろうとはしなかった。

やはり、『古事記』は、不自然な文書だ。ならば、解きようのない謎を解くことはできないのだろうか。

ヒントを握っているのは、天武《てんむ》天皇（在位六七三〜六八六）と壬申《じんしん》の乱（六七二）ではなかろうか。

『古事記』序文には、その編纂のきっかけは、天武天皇の発案だったと記される。

つまり、壬申の乱で甥《おい》を殺して天下を取った天武天皇の正当性を主張することこそ、『古事記』編纂の最大の目的ではなかったか。それにもかかわらず、なぜか『古事記』は、一番大切な七世紀の歴史を割愛してしまったことになる。

天武天皇は乱を制し実権を握ると、「親新羅政策」を打ち出し、朝鮮半島との間に友好関係を構築している。これは、『古事記』の「編集方針」と合致し、親百済路線を貫いた八世紀の政権とは一線を画している。『古事記』と天武天皇、どちらも「何かがねじれている」のである。しかも、歴史記述を途中で終わらせたことも、意図的だったのではないかと思えてくるのだ。

そしてもうひとつ、不思議なことがある。『古事記』編纂に、渡来系豪族がかかわっていた疑いが強いのだ。それが朝鮮半島の新羅から渡来した秦氏《はた》で、彼らが奉斎する神々が、神話の中に紛れ込んでいる。これはいったい何を意味しているのだろう。『古事記』が新羅寄りなのは、秦氏の影響なのだろうか。

壬申の乱と秦氏という視点から、『古事記』の謎を解き明かしてみたい。

『古事記』に隠された「壬申の乱」の真相　目次

第一章 壬申の乱と『古事記』

第二章　誤解された『古事記』

第三章　天智天皇と天武天皇

第四章

『古事記』と渡来人

章扉写真・著者

第一章

壬申の乱と『古事記』

天智天皇の近江朝の地盤となった琵琶湖（滋賀県）

壬申の乱と天武天皇を讃える『古事記』

『古事記』は本文の中で七世紀の歴史を語ろうとしないが、序文には、天武《てんむ》天皇や壬申《じんしん》の乱にまつわる話を載せ、「なぜ『古事記』が編纂《へんさん》されたのか」、その経緯を明らかにしている。

『古事記』序文は冒頭で、天地開闢《てんちかいびゃく》から天孫降臨、神武《じんむ》東征、崇神《すじん》天皇、仁徳《にんとく》天皇、成務《せいむ》天皇、允恭《いんぎょう》天皇それぞれの治政の概略を、述べている。特徴的な人物の事蹟を、きわめて簡潔に説明している。歩みは遅く、華美と質朴の違いはあったが、みな人の歩むべき道を正してこられた、というのである。

序文は続けて、壬申の乱を活写し、『古事記』編纂の経緯を語っている。

大海人皇子《おおあまのみこ》は潜龍《せんりょう》のように、天子となる徳を備えておられ、好機を見逃さなかった。夢の歌を聞いて、皇位継承を占った。夜の川で即位することを確信された。

しかれども、時いまだ至らず、南の山（吉野）に、蟬《せみ》が脱皮したように出家された。そして、多くの人が大海人皇子のもとに集まり、虎のように堂々と東国に進まれた。天皇の輿《こし》はまたたく間にお出ましになり、山川を越え、渡った。大海人皇子の軍勢は雷のように震え、稲妻のように進軍した。矛《ほこ》を杖《つえ》つき、威を示し、猛々しい兵士は、土煙のように湧きあがった。旗を赤くし、兵は輝かせ、悪い輩《やから》（原文に「凶徒《きようと》」とある、近江朝《おうみちよう》の大友皇子《おおとものみこ》らの軍勢）をたちまち蹴散らした。短期間の内に、妖気《ようき》は収まった。即ち、牛を放ち馬を休め、喜び勇んで都（ヤマト）に帰ってきた。旗をしまい戈《ほこ》を収め、歌って舞った……。

これが、壬申の乱をめぐる『古事記』序文の記事で、この直後に天位に就いたことが記される。

序文は続けて、次のように天武天皇の業績を礼讃する。

政《まつりごと》の道は中国古代の黄帝《こうてい》（神話的存在）よりも優れ、徳は周王《しゆうおう》（殷《いん》を滅ぼし周を建国した武王《ぶおう》になぞらえている）を超えていた。乾符《あまつしるし》（天子の印）を握り、天下を支配し、天の正統性を獲得し、八方に秩序をもたらした。ふたつの気（陰陽）と五行の運行に則《のっと》り、神の道を復興して良俗を勧め、優れたる教えを国に広めた。それだけではなく、智の海は広く深く、上古の事蹟を探った。心の鏡は透き通り、先代の事蹟を、明らかにした。

天武天皇を褒め称えたこの文言のあと、次のように命じている。

朕《われ》は聞く。諸々の家に残される帝紀《すめろきのふみ》と本辞《さきつよのことば》（旧辞。口誦《こうしょう》された神話や説話）は、すでに真実と異なるものが多く、虚偽が加えられている。今、その誤りを正さねば、いくばくもたたずに、本旨《ほんし》はなくなって消えてしまうだろう。これ（帝紀と本辞）すなわち、国家の土台であり、王化《おうか》（天皇の政治）の基礎となる。そこで、帝紀・旧辞を調べ上げ、偽りを削り、真実を定め、後の世に伝えようと思う。

つまり、『古事記』は壬申の乱を礼讃し、天武天皇の業績と人格を褒め称えたうえで、『古事記』編纂に天武天皇が積極的にかかわっていたと証言するのである。

わかっているようで謎だらけの壬申の乱

壬申の乱とは、大海人皇子（天武天皇）が、兄・天智《てんじ》天皇崩御《ほうぎょ》（崩御とは天皇の死を指す）の後、天智の子（天武の甥）の大友皇子と対決し、勝利した事件だ。これは政変であり、天武は乱後即位し、新たな王家を開いた。

中国の歴史書は多くの場合、新王朝が前王朝を倒した正当性を証明するために記された。前王朝のあら探しをして、「われわれ新王朝が世直しのために、前王朝を倒した」と主張したのである。この例に倣えば、『古事記』は天武天皇が新王朝をうち立てた正当性を証明しようとしていた、ということになる。そして事実、「諸々の家に残される歴史は間違っている」といっているのだから、天武天皇による歴史改竄《かいざん》の可能性も、疑っておいた方がよいのかもしれない。

ただし、困ったことに、壬申の乱そのものが、多くの謎に包まれている。壬申の乱の真相も天武天皇の正体も、何もわかっていないのが実情である。

『日本書紀』の場合、一巻を特別に割いて、壬申の乱の経緯を事細かに記録している。ただし乱のすべてがはっきりわかっているかというと、そのようなことはない。歴史の一部が隠されてしまっている。たとえば乱勃発直後に、東海の雄族・尾張《おわり》氏が加勢し、勝利にもっとも貢献しているが、なぜか『日本書紀』は、尾張氏の活躍を抹殺してしまっている。『日本書紀』の次に記された正史『続日本紀《しょくにほんぎ》』が、たまたま壬申の功臣として、尾張氏を顕彰してくれたおかげで、『日本書紀』の「尾張無視」が露見したのである。

わかっているようでわかっていないのが、壬申の乱であり、なぜ壬申の乱が勃発したのか、その原因にいたっては、さらに藪《やぶ》の中なのである。

そこで話を進める前に、改めて、乱勃発にいたる経緯を、『日本書紀』の記事からあらすじだけでも追っておこう。

壬申の乱にいたる道のり

壬申の乱（六七二）の遠因を探っていくと、白村江《はくすきのえ》の戦いに行き着く。唐と新羅の連合軍と、百済と倭《わ》（ヤマト朝廷）が争い、倭国が敗北した事件だ。負けるとわかっていた戦いなのに、なぜヤマト朝廷は猪突《ちょとつ》したのだろう。その理由を追い求めていくと、乙巳《いっし》の変《へん》（六四五）にたどり着く。蘇我入鹿《そがのいるか》暗殺事件であり、この直後、新政権が大化改新《たいかのかいしん》を成し遂げたと『日本書紀』にはある。乙巳の変の原因をさらに探っていくと、蘇我系皇族・聖徳太子《しょうとくたいし》に結びつく。

そこで、遠回りになるが、聖徳太子から壬申の乱に続く歴史を概観しておこう。ここはあくまで、正史『日本書紀』の言い分と、おおむね『日本書紀』の記述に従う通説の考えでまとめておく。

聖徳太子は六世紀末から七世紀前半に活躍し、中央集権国家の建設を目指した政治家である。

聖徳太子は旧態依然とした統治システムを根本的に変革しようと目論《もくろ》み、次々と新たな方針を打ち出した。憲法十七条や冠位十二階、遣隋使《けんずいし》の派遣といった、歴史の教科書に載る大事業を、いくつも手がけたのだ。ところが、権勢を誇っていた蘇我氏と反りが合わなかったようで、斑鳩《いかるが》に隠棲し、夢半ばで没する。推古二十九年（六二一）のことだ（ただし金石文《きんせきぶん》の記録などから、実際には、その翌年とされている）。

蘇我氏は守旧派で、改革事業に不満を持ち、既得権益を守ろうと考えた気配がある。増長した蘇我入鹿は、皇極《こうぎょく》二年（六四三）、邪魔になった聖徳太子の遺児・山《やま》背大兄王《しろのおおえのみこ》の一族を滅亡に追い込んでしまった。

皇室の危機を敏感に感じとった中臣鎌足《なかとみのかまたり》は、蘇我入鹿暗殺を計画し、中大兄皇《なかのおおえのみ》子《こ》（のちの天智天皇。天武天皇の兄）と手を組んだ。皇極四年（六四五）、飛鳥板蓋《あすかのいたぶきの》宮大極殿《みやだいごくでん》で蘇我入鹿は斬り殺される。

事件後、皇極女帝は退位し、皇極の弟の軽皇子《かるのみこ》が即位する。これが孝徳《こうとく》天皇で、「改新之詔《かいしんのみことのり》」を発し、ここに、律令制度《りつりようせいど》が整ったのだと、『日本書紀』はいう。

ただし本当にここで律令制度が完成したわけではなく、「最初の一歩」だったというのが、今日的な解釈だ。

このののち、孝徳天皇亡き後、皇極が重祚《ちょうそ》（一度退位した天皇が再び即位すること）し、斉明《さいめい》天皇となる。斉明天皇は、飛鳥周辺で盛んに土木工事を行ったことで知られ、人々は「狂心《たぶれごころ》」と罵《ののし》っていたと、『日本書紀』は記録する。

朝鮮半島の争乱に振り回された倭国

斉明天皇の時代、朝鮮半島は動乱の時代であった。朝鮮半島西南部の百済は、斉明六年（六六〇）、唐の大軍の前に一度滅亡し、遺臣たちの手で、すぐさま復興運動が始められた。百済の名将・鬼室福信《きしつふくしん》は、倭国に人質として預けてあった百済王子・豊璋《ほうしょう》を呼びもどし、王に立て、百済復興を目指し倭国に援軍を要請した。ヤマト朝廷はこれに応じ、翌斉明七年（六六一）、斉明天皇と中大兄皇子は、軍勢を率いて北部九州に赴く。ただし、斉明天皇は朝倉 橘 広庭宮《あさくらのたちばなのひろにわのみや》（福岡県朝倉市）で崩御されてしまった。そこで中大兄皇子は母の遺志を継承し、遠征軍を朝鮮半島に派遣した。だが、天智二年（六六三）、白村江の戦いで、百済と倭の軍勢は、完膚無きまでに叩きのめされた。

この時点で、唐と新羅の連合軍が日本列島に攻め寄せてくる恐れが出てきたのだ。中大兄皇子は西日本各地に、無数の山城を構築し、敵の来襲に備えた。混乱は長引き、中大兄皇子の即位は遅れに遅れ、天智七年（六六八）のこととなる。ちなみに、近江遷都は、その前年のことだ。

天智天皇は悪運が強かった。天智七年、唐と新羅の連合軍は、倭国ではなく、まず高句麗《こうくり》を攻めた。これで天智は命拾いした。しかも、唐が朝鮮半島支配に乗り出すと、新羅が反発し、高句麗の遺民と手を結び、唐を駆逐しようと立ち上がった。これが、天智九年（六七〇）のことである。

また、天智天皇の崩御は天智十年（六七一）のことだから、天皇になってからあとの治政は、思いのほか短かった。

このように、壬申の乱の直前、新羅、百済、唐、高句麗、倭国は、生き残りを懸けた死闘を演じていたのだ。そして、天智天皇崩御ののち、壬申の乱が勃発したわ

七世紀中頃の朝鮮

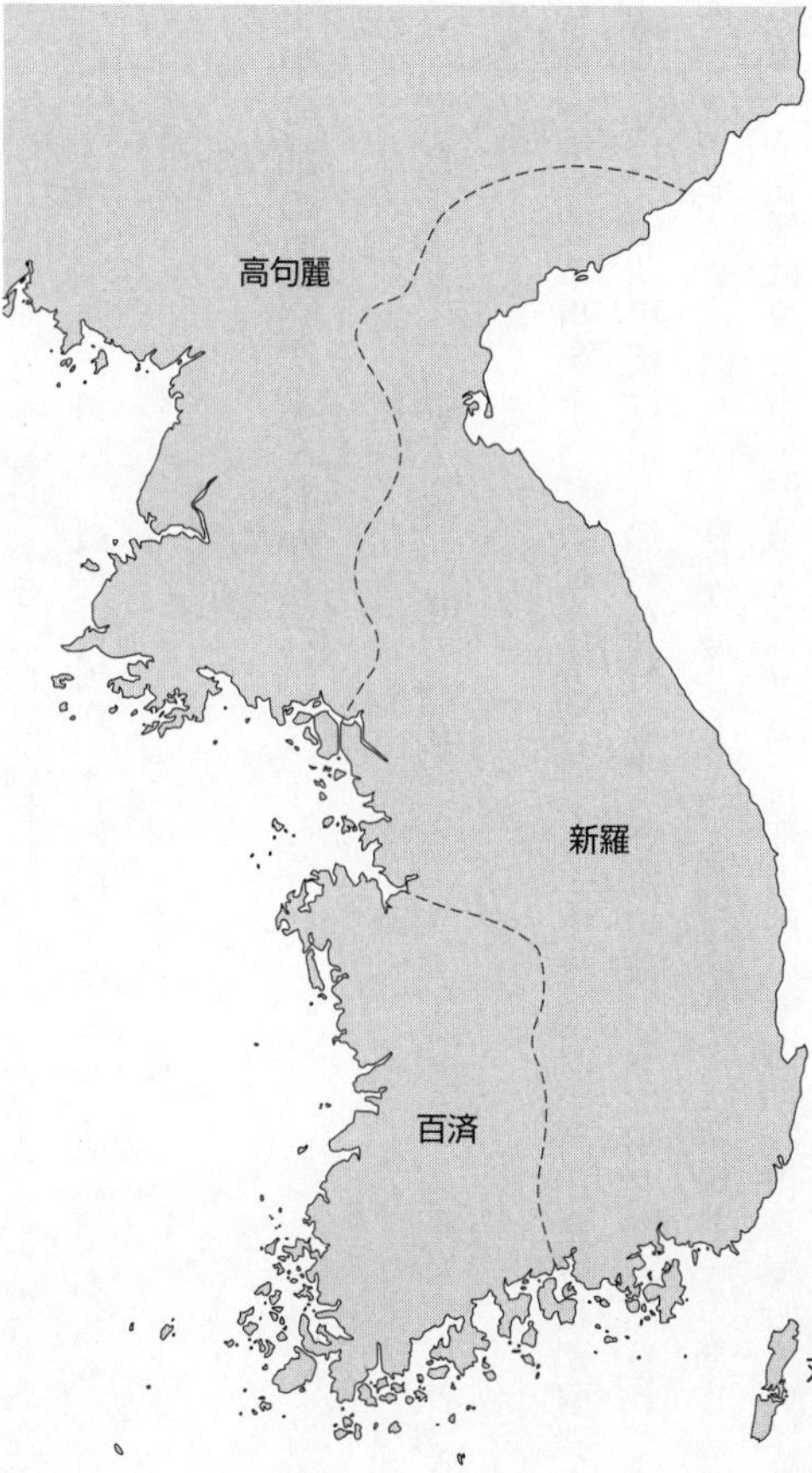

けで、このとき、唐と新羅は、まさに戦闘状態のまっただ中にあった。したがって、このような国際情勢も、政局に何かしらの影を落としていたであろうことは、容易に想像がつくのである。

壬申の乱の原因がよくわからない

この間の歴史を、「改革事業」「律令整備」との関連でまとめてみると、次のようになる。

聖徳太子の改革事業を、蘇我氏が邪魔立てし、中大兄皇子と中臣鎌足が蘇我氏を倒すことで、改革事業は推し進められ、律令整備の最初の一歩が踏み出された。ところが、斉明天皇の時代、百済が滅亡して、朝鮮半島の争乱に日本も巻き込まれる。ヤマト朝廷は遠征軍を派遣するも、白村江の戦いで痛手を被ってしまい、改革事業は一度頓挫する。そして、ようやくの思いで天智天皇が即位したが、あっという間に亡くなり、壬申の乱が勃発。勝利を手にした天武天皇の手で、本格的な改革事業がはじまった……。これが、聖徳太子から壬申の乱にいたる歴史のあらすじである。

ならば、壬申の乱は、なぜ起きたのだろう。そして、違う立場で書かれたであろう『古事記』と『日本書紀』が、なぜそろいもそろって、壬申の乱を特記したのだろう。壬申の乱が特別な事件だったと証言したかったのだろうか。

不思議なことなのだが、壬申の乱がなぜ勃発したのか、聖徳太子の時代まで歴史を遡《さかのぼ》っても、はっきりとわからないのである。きっかけと遠因が、定かでない。

『日本書紀』に従えば、天智天皇が即位したとき、大海人皇子は皇太子に指名されていた。ところが天智天皇は晩年、息子の大友皇子を太政大臣《だいじょうだいじん》に引き上げてしまう。つまり、大友皇子即位に意欲を示し始めたのだ。皇太子と太政大臣が並立することは、危険きわまりなかった。壬申の乱の遠因のひとつは、この天智天皇の不可解な人事だったかもしれない。

ここから先、話はややこしくなる。

天智十年（六七一）九月、天皇は病に倒れ、翌月東宮《もうけのきみ》（大海人皇子）を枕元に呼び出し、皇位を禅譲すると伝えたのだった。ところが東宮は何を思ったか、次のように述べた。

「私はあいにく病弱で、激務に堪《た》えられません。願わくは、皇位を皇后陛下（古人《ふるひとの》大兄皇子《おおえのみこ》の娘の倭姫王《やまとのひめおおきみ》）にお譲りください。そして、大友皇子に諸々の政務を委ねられればよろしいでしょう。私は天皇のために出家して、修行したく思います」

これを聞いて天智天皇は許した。東宮は立ち上がり再拝したあと、髪を落とした。すると天皇は人を遣わし、袈裟《けさ》を贈った。

このすぐち大海人皇子は近江を離れ、飛鳥から吉野（奈良県吉野郡）に向かい、隠遁《いんとん》した。大臣たちは菟道《うじ》（宇治）まで見送ったという。またある人は、「虎に翼をつけて放つようなものだ」と嘆き、臍《ほぞ》を噛んだという。

なぜ丸腰の大海人皇子が虎なのか

この場面、不思議なことが、いくつもある。

大海人皇子は皇太子で天智の実の弟なのだから、天智天皇の芝居がかった禅譲が不自然だ。しかも、大海人皇子はせっかくの話を蹴ってしまっている。大海人皇子は「天皇のために出家したい」と述べ、現実に身の回りの世話をするわずかな舎人《とねり》（下級役人）だけを連れて吉野に引っ込んでしまったのだ。したがって、「虎に翼をつけて……」と、丸腰の大海人皇子を恐れる方がどうかしている。

これには何か裏がありそうだ。

『日本書紀』によれば、東宮が天智天皇に呼び出されたとき、蘇賀安麻侶《そがのやすまろ》（蘇我《そがの》連子《むらじこ》の子。蘇我連子は蘇我入鹿の従兄弟《いとこ》）が大海人皇子に、「言葉に用心されますように」と忠告している。安麻侶は、もともと東宮と親密な関係にあったのだという。

大海人皇子が天智の申し出を断り、出家して吉野に隠棲したのは、蘇賀安麻侶の忠告を聞き、身の危険を感じたからではなかったか。もしこのとき大海人皇子が、即位を受諾すれば、その場で「謀反《むほん》」の言いがかりをつけられ、殺されていたのだろう。だからこそ、大海人皇子が吉野に逃れてしまったことを、近江朝は悔しがったわけである。天智と大海人皇子の関係が良好なら、「虎に翼……」などという言葉が出てくるはずもない。

『藤氏家伝《とうしかでん》』によれば、とある宴席で、大海人皇子が床に槍を突き刺し、激怒した天智天皇は剣を抜いたという話が載る。中臣鎌足が間を取り持ち、ことなきを得た、というのである。

日本初の漢詩集『懐風藻《かいふうそう》』の大友皇子を紹介する一節に、唐使・劉徳高《りゅうとくこう》（天智四年〔六六五〕に来朝し、同年十二月に帰国している）と中臣鎌足の間に交わされた、次のような会話が載っている。

まず劉徳高が見た夢の話だ。天の門ががらりと開き、朱色の衣を着た老翁《おきな》が日（天子の位を暗示している）を捧げてきて、大友皇子に授けた。ところが、門の脇から出てきた人が、奪い去ってしまった。目を覚まして驚き、怪しく思った劉徳高は、夢の話を藤原内大臣《うちつおおおみ》（中臣鎌足）に語ったのだった。すると中臣鎌足は、次のように述べた。

「天智天皇崩御の隙に、大悪人（原文〔巨猾〕）が現れて天位を狙うのでしょう。普段から私は、そのようなことは起こらないと、言っていました。天の道は公平であり、ただ善を行うものだけを助けます。願わくは、大友皇子が徳を修めていただきたい。そうすれば、災異を憂える必要はありません。臣（わたし）には娘がおります。後宮《こうきゅう》に入れて、妻にしていただきましょう」

こう言って中臣鎌足は、王家と姻戚関係を結び、大友皇子を親愛した、というのである。

この『懐風藻』の記事を信じるならば、天智天皇の右腕・中臣鎌足は、大海人皇子を「巨猾」とみなし、大友皇子の即位を願っていたことがわかる。

天智天皇が息子・大友皇子の即位を願い、中臣鎌足がこれを後押ししていたことは、間違いあるまい。ではなぜ、当初天智天皇は、大海人皇子を皇太子に据えたのだろう。そして不思議なことがもうひとつある。というのも、『日本書紀』は大海人皇子立太子をはっきりと記録していないのだ。大海人皇子を「大皇弟《ひつぎのみこ》」や「東宮大皇弟《ひつぎのみこ》」と呼び、皇太子であったことを暗示するに留めたのである。

最大の謎は、「できれば即位してほしくない」と思っていたであろう大海人皇子を皇太子に立てたという、最初の人事である。

それだけではない。天智天皇はなぜか、自分の娘を何人も大海人皇子に嫁がせている。天智天皇は、大海人皇子に気を遣いながら、大海人皇子を煙たがっていたということになる。本気で皇太子に引き上げたのではなく、できることならばいなくなってほしいと思いながら、何かしらの抜き差しならぬ事情によって、大海人皇子を立太子させざるを得なかったのだ。この微妙な関係は、何を意味しているのだろう。

なぜ大海人皇子の人気は高かったのか

壬申の乱をめぐる謎は、まだたくさんある。

たとえば、大海人皇子は多くの人に支持され、かたや大友皇子の人気は低かった。古代史の英雄・中大兄皇子と中臣鎌足が後押ししていたのに、親の七光りは通用しなかったのだろうか。その様子は、壬申の乱の中ではっきりとする。

近江を脱出した大海人皇子は、飛鳥を経由して吉野山中に逃れたが、山の信仰・

修験道《しゅげんどう》の開祖・役小角《えんのおづぬ》（役行者《えんのぎょうじゃ》）らの手で、守られたという。吉野には「国栖《くず》」と呼ばれる人たちが住んでいたが、『日本書紀』の神武東征説話の中で吉野の民は、山の民として描かれる。役小角は吉野の隣の葛城山《かつらぎさん》から湧きあがったが、やはり『日本書紀』は、「葛城には土蜘蛛《つちぐも》がいる」と記し、山の民を警戒し、恐れている。

その吉野の山の民が、大海人皇子を守り、支持した事実は、見逃せない。乱勃発後の経過も不可解だ。近江朝の志気があがらないのである。そこで乱の経過をみてみよう。

天武元年（六七二）五月、舎人のひとり朴井連雄君《えのいのむらじおきみ》は、吉野に隠棲していた大海人皇子に、次のように報告している。

「たまたま私用で美濃《みの》に赴くと、朝廷は美濃と尾張の国司に、山陵《さんりょう》を造るためにと称して、人を集めておりました。けれども人夫に武器をもたせております。これは、山陵のためではありません。必ず戦いになるでしょう。早くここを去らねば、危険です」

そこで大海人皇子は、次のように述べている。

「私が王位を譲り隠棲しているのは、ひとり病を治し、天命を全うしたかったからだ。それにもかかわらず、否応なく災いに巻き込まれようとしている。どうして黙って身を滅ぼすことができよう」

つまり、みずからの正当性をアピールしたうえで、大海人皇子は東国に逃れ、挙兵したのである。

ここで、近江朝は浮き足立ってしまう。大海人皇子はわずかな手勢だけ引き連れていたにすぎなかった。それにもかかわらず、大海人皇子が東国に逃れたという報告に接したとき、近江朝の人々は慌てふためいてしまう。

「其《そ》の群臣《まへつきみたち》悉《ことごとく》に愕《お》ぢて、京内《みやこのうち》震動《さわ》く」

つまり、群臣は驚き、都中が動揺したという。そして、ある者は東国に逃れ、退いて山や沢に隠れてしまったという。

いまだ、戦いらしい戦いもない段階で、朝廷の軍勢が「勝ち目がない」と動揺した理由が定かでない。なぜ、人々は逃げ惑ってしまったのだろう。それは、大友皇子に人気がなかったからではあるまいか。

　大友皇子は、「騎兵を差し向けて大海人皇子を追討《ついとう》しましょう」という進言を退け、筑紫《ちくし》と吉備《きび》国に、使者を遣わし、挙兵するように促そうと考えた。使者には、次のように言い含めた。

「筑紫大宰《ちくしのおおみこともち》と吉備国守《きびのくにのかみ》のふたりは、もとより大海人皇子に付き従ってきた。だから背《そむ》くことも考えられる。もし服従しないようなら、斬り殺せ」

　はたして、吉備国守は大友皇子の挙兵要請を拒否し、斬り殺された。もうひとりの筑紫大宰は、次のように述べている。

「筑紫国はもとより、周辺から押し寄せる賊に備えております。城を高く、溝を深く、海に向かって防御しているのは、海外の敵を想定しているからです」

　つまり、筑紫国の兵を都に割いては、国防上まずいことになり、これは大友皇子の徳に逆らうものではない、と弁明したのだった。それでも使者は筑紫大宰を殺そうと考えたが、筑紫大宰の両脇を子らが固めていて、恐ろしくなって引き返したという。

　この『日本書紀』の記事からも、大友皇子の不人気ぶりが、はっきりみてとれる。裸一貫で東国に逃れただけで近江朝が浮き足立ち、西国の軍勢は近江朝に加勢せず、その後、大海人皇子軍が一気に近江軍を蹴散らすのも、多くの民が大海人皇子を支持していたからとしか考えられないのである。

乙巳の変に姿を見せなかった大海人皇子

ここで改めて確認しておきたいことがある。それは、大海人皇子の敵、天智天皇や中臣鎌足のコンビが、古代史最大の英雄だったことである。

なぜ彼らが英雄と信じられてきたかといえば、『日本書紀』の記事を、そのまま鵜呑みにしてきたからだ。古代版行政改革の先鞭《せんべん》をつけたのは、聖徳太子だが、聖徳太子の死後、蘇我入鹿らは、専横をくり返し、聖徳太子の子らを滅亡に追い込み、王家を乗っ取ろうとしていたと『日本書紀』は言う。そして、王家の危機を憂えた中臣鎌足は、中大兄皇子と手を組み、蘇我入鹿暗殺（乙巳の変）を決行したのだった。このように、王家を中興した最大の英雄が、中大兄皇子と中臣鎌足だった。少なくとも、朝廷の正式見解である『日本書紀』は、そう記録し、多くの史学者もこれを認め、歴史の教科書にも記載され、世間の一般常識になったのである。ならばなぜ、中大兄皇子と中臣鎌足が即位を願った大友皇子が不人気で、中大兄皇子らが嫌った大海人皇子は、人々に支持されたのだろう。

ここで興味深いのは、中大兄皇子と中臣鎌足の大活躍した場面に、大海人皇子が姿を現さなかったことである。

たとえば乙巳の変に、大海人皇子は登場していない。乙巳の変の一年ほど前、皇極三年（六四四）正月、中臣鎌足は法興寺《ほうこうじ》（飛鳥寺《あすかでら》。本元興寺《もとがんごうじ》）の槻《つき》の木の下で行われた打毬《うちまり》の会で中大兄皇子に出会い、意気投合し、蘇我入鹿暗殺の密議を重ねていく。そんな中、中臣鎌足は、次のように進言する。

「大事を謀《はか》るには、助けがあった方がいい。どうか、蘇我倉山田石川麻呂《そがのくらやまだいしかわのまろ》の長女を迎え入れ、婚姻関係を結んでください。その後、事情を話して、ともに行動しましょう。事を成すには、これが近道です」

蘇我倉山田石川麻呂が蘇我入鹿を裏切り、暗殺現場に登場するのは、この一言によるのだが、蘇我側に暗殺計画が露見する危険を覚悟のうえで、婚姻関係を結んだということになる。娘を娶《めと》るというのは、人質を意味するから、なかば脅迫めいた手法なのだが、それならば、もっと身近に信用できる人間がいたはずではなかったか。それが、中大兄皇子の弟の大海人皇子である。

このとき、「ひとりでも多く助けがあった方がいい」と考えたのなら、真っ先に大海人皇子の名が出てこなければおかしい。やはり、早い段階で、中大兄皇子と大海人皇子は、仲違《なかたが》いしていたのだろうか。

白村江の戦いにも登場しない大海人皇子

それだけではない。白村江の戦いにも、大海人皇子は登場していない。

『日本書紀』斉明七年（六六一）春正月の条には、斉明天皇が百済救援のために瀬戸内海を西に向かったと記され、大伯海《おおくのうみ》（備前国《びぜん》。岡山県）にいたったとき、大海人皇子の妃《きさき》・大田皇女《おおたのひめみこ》が大伯皇女《おおくのひめみこ》を生んだ。大伯皇女は大津皇子《おおつのみこ》の姉で、のちに伊《い》勢斎宮《せさいくう》となる。

通説は、大田皇女が遠征軍に加わっていたことから、当然大海人皇子も同行していたと考える。しかし、『日本書紀』には、大海人皇子の記述がまったくない。大海人皇子は、遠征に加わっていなかったのではなかろうか。

大海人皇子は遠征に反対し、都に残ったと筆者は考える。そして遠征に同行した女人たちは、人質ではないかと疑っている。都に残った大海人皇子が兵を動かし政権転覆を謀ることを牽制するためである。

なぜこのような推理を働かせるかというと、理由は単純なことだ。遠征の足手まといになるであろう女性が、大挙して同行しているのは不自然なことで、斉明天皇が奇妙な場所を宮にしたからである。

斉明天皇は朝倉橘広庭宮（福岡県朝倉市）で亡くなったと『日本書紀』は言うが、これは怪しい。何が怪しいのかというと、宮が内陸部だからだ。博多からみれば、水城《みずき》や大宰府《だざいふ》を通り越し、筑後川《ちくごがわ》の水面が見えるような場所に、宮を築いている。遠征軍の指揮をとるのなら、沿岸部に宮を造るべきであった。そうしなかったのは、斉明天皇以下女人たちが人質で、朝倉橘広庭宮に幽閉されていたのではないかと思えてならないのである。

もちろん、中大兄皇子が恐れていたのは、大海人皇子の反逆であり、大海人皇子の身内の女人たちを、根こそぎ遠征に連れ回したのではなかったか。

また『日本書紀』が大田皇女が子を生んだという記事をわざわざ載せたのは、大海人皇子が同行していたように見せかけるためのアリバイ工作ではあるまいか。だいたい、産み月が近づいていた女人を遠征に連れてくること自体、異常な行為ではないか。その理由を突きつめれば、導かれる答えは、「人質」なのである。

罵倒されていた斉明朝

斉明天皇といえば、盛んに土木工事を行ったことで知られている。

『日本書紀』斉明二年（六五六）是歳《ことし》の条に、「時に、事《こと》を興《おこ》すことを好《この》みたまひ（斉明天皇は、事業を興すことを好まれた）」とある。天香具山《あまのかぐやま》（奈良県桜井市と橿原《かしはら》市の境）の西から石上山《いそのかみのやま》（奈良県天理《てんり》市）まで水工《みずたくみ》に溝を掘らせ運河にして、船二百艘で石上山の石を積んで宮の東の山まで運び、垣にした。すると人々は、次のように語ったという。

「狂心《たぶれごころ》の渠《みぞ》だ。使役された人夫は三万余人、垣を造る人夫は七万余人、宮材は腐り、山頂は埋もれてしまった」

またある人は、

「石の山丘を造っても、造ったそばから自然に壊れるだろう」

と、誹《そし》ったという。

記事を信じる限り、斉明天皇の人気は低かったようだ。

この時代、斉明天皇の宮はよく焼けた。頻度からみて、放火の可能性を疑っておいた方がよい。

斉明六年（六六〇）是歳の条には、百済を助け新羅を伐《う》とうと思い、駿河《するが》国（静岡県東部）に勅して船を造らせた。造り終えて続麻郊《おみの》（三重県多気《たき》郡明和町《めいわちょう》）に曳航《えいこう》するとき、その船は夜中に理由もなく、岸につないでおいた舳《へ》と艫《とも》が、逆さまになっていた。人々は、これを見て、敗戦を悟ったという。また、科野国《しなののくに》から次の報告が入った。

「蠅《はえ》が群れて西に向かい、巨坂《おおさか》（岐阜県と長野県の県境。神坂峠《みさかとうげ》）を飛び越えていった。大きな群れで、天に届くほどの高さでした」

というのだ。そして、遠征軍が大敗することの凶兆と知ったという。

一連の記事から読み取れることは、斉明天皇が無理な事業を手がけ、批判を浴びていたことだ。百済遠征に対し、多くの民は「どうせ負けるのに」と、不満を漏らしていたのである。

斉明朝の主導権を握っていたのは中大兄皇子

問題は、斉明朝の主導権を誰が握っていたのか、ということだ。「狂心の渠」と罵られた土木工事は、本当に斉明天皇の発案だったのだろうか。

斉明天皇は二度皇位に就いているが、前半の皇極天皇と後半の斉明天皇では、イメージがまったく異なる。皇極天皇在位期間は、蘇我氏全盛で、皇極は傀儡《かいらい》であった。蘇我入鹿暗殺現場で息子の凶行に、皇極はあわて、息子を叱責《しっせき》しているから、「か弱い女」だ。ところが、後半生の斉明天皇は、盛んに土木工事を行い、百済救援を強行している。どちらが本当の斉明天皇なのだろう。

斉明天皇の重祚は、弟・孝徳天皇の崩御を受けてのことだ。ここに、斉明天皇の実像を知るための、大きなヒントが隠されている。

孝徳天皇の晩年、中大兄皇子は、「都を難波《なにわ》から飛鳥に移しましょう」と進言し、拒否されると、官人《かんじん》や女御《にょうご》たちを連れて、飛鳥に勝手に移ってしまった。孝徳天皇は孤立し、嘆き悲しんだ末に、憤死する。

なぜ中大兄皇子は、叔父を追いつめたのだろう。

なぜ中大兄皇子は、難波長柄豊碕宮《なにわのながらとよさきのみや》を棄てたのだろう。難波長柄豊碕宮こそ、土地制度改革の第一歩であり、律令整備の象徴となる場所だった。それを棄てたのは、中大兄皇子に改革の意識が低かったからではなかったか。

『日本書紀』の記事から、改新政府を主導していたのは、皇太子の中大兄皇子だったと信じられている。しかし、現実に中大兄皇子が政策に参画したという記事は、ほとんどない。意見を求められ、使者を経由して返答をしたという話があるが、なぜか中大兄皇子と孝徳天皇は、向かい合って話し合いをしていない。とても不自然なのだ。

中大兄皇子が活躍するのは、主に謀反《むほん》の場面だ。中大兄皇子は謀反の標的にされ、中大兄皇子自身が謀反人の古人大兄皇子や蘇我倉山田石川麻呂を処罰している。くどいようだが、中大兄皇子は孝徳天皇を補佐していたわけでもないし、具体的な活躍の痕跡を『日本書紀』から見いだすことはできない。この間の中大兄皇子の行動は、じつに奇怪である。

のちに再び触れるが、孝徳朝の顔ぶれは、乙巳の変以前の蘇我氏全盛期の人事を継承している。孝徳天皇自身も、蘇我入鹿と手を組んでいた気配があり、中大兄皇子は孝徳朝と敵対していたと考えれば、多くの謎が解けてくる。

なんら政治的な活躍がない中大兄皇子の命が狙われ、自らに降りかかった火の粉を払ったというのが、諸々の事件であった。これは自作自演であり、真相は中大兄皇子による「孝徳朝の要人暗殺」なのではあるまいか。

中大兄皇子こそ改革潰しの張本人

孝徳天皇は晩年、旻法師《みんほうし》の病床を見舞い、「あなたが亡くなられたならば、私もあとを追いたい」と嘆いている。改革事業を推し進めていたはずの孝徳天皇が弱音を吐いたのは、朝廷の中枢をになう人材が、次々と失われていったからで、中大兄皇子はとどめを刺すように、飛鳥遷都を進言したのである。

周囲の人間が飛鳥に去って、孝徳天皇は「鉗着《かなきつ》け　吾《あ》が飼《か》ふ駒《こま》は　引出《ひきで》せず　吾が飼ふ駒を　人見《ひとみ》つらむか（大切に飼い、守っていた私の馬を、人は見てしまったのだろうか）」という歌を、間人皇后《はしひとのきさき》に贈っている。皇后が飛鳥に去ってしまったことを嘆いた歌とされているが、律令導入という大事業を展開していた天皇の言いたかったことは、もっと別の話ではなかったか。すなわちここに言う「駒」とは、皇后ではなく、「改革事業」を指していたのではあるまいか。

孝徳朝の中大兄皇子に関して深入りしたのは、孝徳天皇を追いつめて棄てたことによって、ようやく中大兄皇子が主導権を獲得したであろうこと、母をここで擁立し旗印にすることで、中大兄皇子が実権を握ったと考えているからである。

中大兄皇子は孝徳朝の要人暗殺をくり返し、その後実権を握ると、無茶な土木工事を行い、誰も勝てると思っていなかった百済救援に猪突した。そして、百済救援に際し、多くの女人たちが同行させられたのは、中大兄皇子のやり方に反発する者が大勢いたからではなかったか。しかし中大兄皇子は、遠征を強行した。反発する人々はたくさんいただろうし、その中の旗印が、大海人皇子であった可能性は高い。だからこそ、大海人皇子と親しい関係にあった女人たちを、人質として九州に連れて行ったと考えられる。

つまり、中大兄皇子のどの行動の背後にも、大海人皇子の姿が見えなかったのは、『日本書紀』の記事やこれまでの常識とは裏腹に、中大兄皇子こそ、改革潰しの張本人であり、しかも孤立していたからではなかったかと思いいたるのである。

なぜ『古事記』と『日本書紀』の外交方針が異なるのか

なぜ大海人皇子は、高い人気に支えられていたのか……。その理由は、中大兄皇子の不人気の裏返しではあるまいか。

ここで強調しておきたいのは、『日本書紀』編纂時の権力者が藤原不比等《ふじわらのふひと》だったことだ。そして藤原不比等の父が中大兄皇子の右腕で蘇我入鹿暗殺の主犯格・中臣鎌足だった。当然、『日本書紀』は中臣鎌足の正義を主張したであろうし、中臣鎌足の正義と中大兄皇子の正義は、共通していたのだ。中大兄皇子の実像は『日本書紀』によって美化され、英雄視されたのである。

だが、いくつもの傍証が、この『日本書紀』の証言に、疑問符を投げかける。古代史最大の英雄は中大兄皇子ではなく、大海人皇子（天武天皇）だったのではないか……。だからこそ大海人皇子は裸一貫で近江朝を敵に回して、勝てるはずのない壬申の乱を制してしまったのだろう。

そこで話を『古事記』に戻すならば、『古事記』も『日本書紀』も、どちらも編纂のきっかけを天武天皇に求めていることは、無視できない。天武天皇は大変革をもたらした英雄であり、だからこそ、歴史書編纂の端緒を開いた人物としてもっともふさわしいと考えられたのだろう。

そして、ここで再び、「あの謎」に行き着いてしまう。天武天皇が編纂を思い立ち、天武天皇の崩御ののち、偉大な人物の遺志は継承され、『古事記』と『日本書紀』は完成したことになる。ところが、ふたつの文書の外交路線は、百八十度反対の立場にあった。なぜ、天武天皇が編纂のきっかけを作ったふたつの文書それぞれで、別の政策を支持するようなことが起きたのだろう。

注目すべきことがある。天武天皇の崩御が朱鳥《あかみとり》元年(六八六)。それから『古事記』(七一二)と『日本書紀』(七二〇)編纂まで、三十年前後。この間、天武の王家は、様変わりしていた。というのも、天武天皇崩御ののち、皇太子の草壁皇子《くさかべのみこ》は病没。そこで天武の皇后で草壁皇子の母・鸕野讃良皇女《うののさらのひめみこ》が即位していた。これが持《じ》統《とう》天皇で、『日本書紀』は持統が天武の遺志を継承したといい、通説もこの証言を

天皇家と藤原氏のつながり

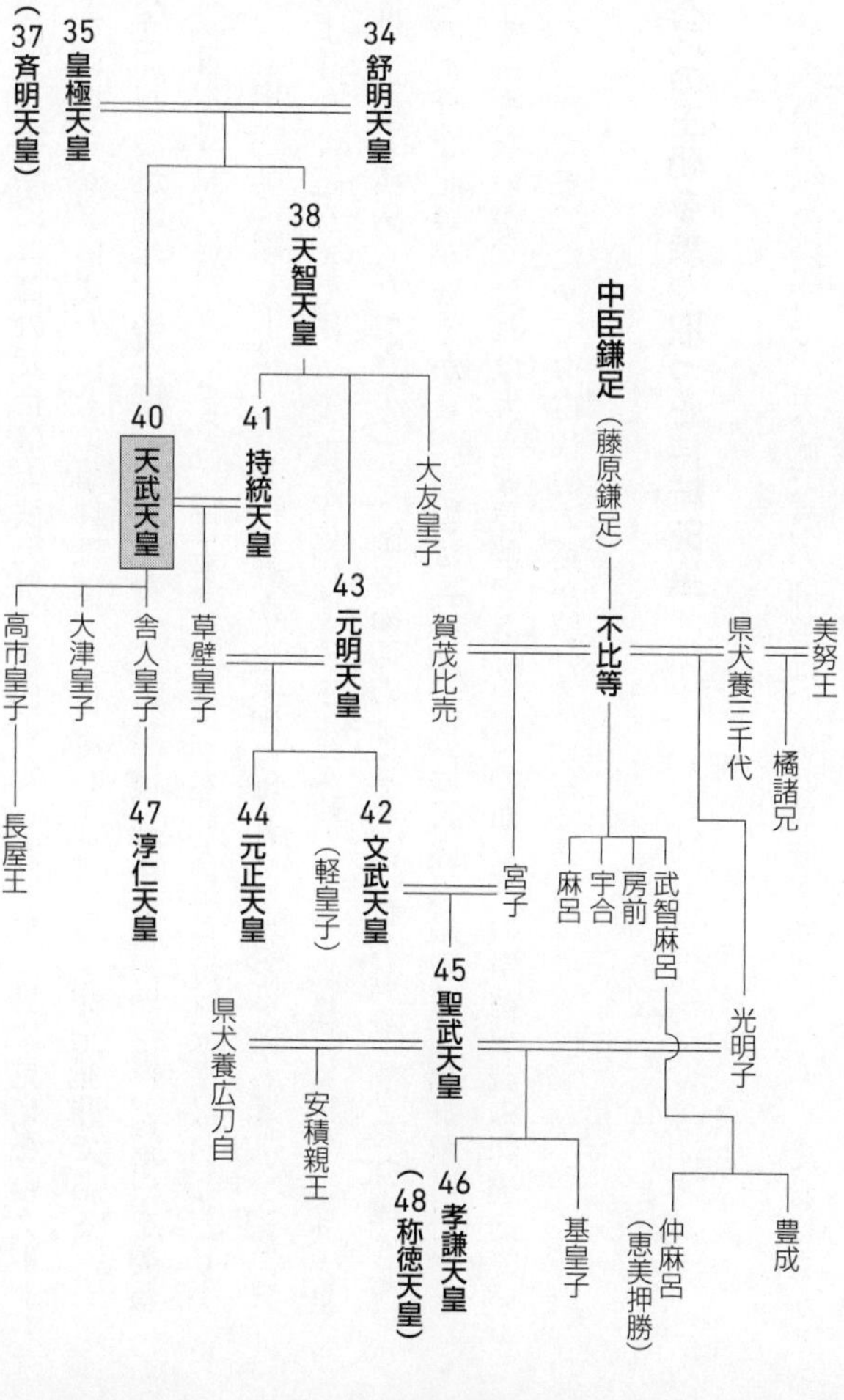

信じるが、実際にはこの女帝は天武天皇を裏切ってしまった。目に見えないクーデターを成功させ、いまだにその事件性は、気付かれずにいる。完全犯罪である。

天武天皇の最晩年、病の床に伏せった天武天皇は、持統天皇に万機（政事）を委ねたと『日本書紀』は言う。さらに『日本書紀』は、天武天皇と持統天皇はおしどり夫婦で、壬申の乱に際しては、ともに吉野から東国に逃れ、辛苦を分かち合い、「皇后、始《はじ》めより今《いま》に迄《いた》るまでに、天皇《すめらみこと》を佐《たす》けて天下《あめのした》を定《さだ》めたまふ（持統は終始、天武天皇を助け、天下を治められてきた）」と、両者の仲のよさと、持統の献身ぶりを強調する。

このような記事が残るから、通説は「持統天皇は天武天皇の遺志を継承した」と信じてやまないが、これは大きな誤解であり、このあたりの事情を読み間違えているから、いつまでたっても古代史の謎が解けないのである。

天武の王朝を乗っ取った持統天皇

天武天皇崩御の段階で、天武天皇の御子は、星の数ほど残っていた。それにもかかわらず、草壁皇子の死を受けて持統が即位したのはなぜだろう。これは、異常な事態といわざるを得ない。なぜなら、持統は天智天皇の娘だったからだ。なぜ「壬申の乱を制した王家」で、「前王朝の娘」が即位できたのだろう。しかも持統天皇は、藤原不比等を大抜擢している。これでは、壬申の乱の直前の、「天智天皇＋中臣鎌足」のコンビを、そっくりコピーしただけのことになってしまう。天智天皇も中臣鎌足も、大友皇子の即位を願い、大海人皇子を抹殺しようと考えたのだから、「天智天皇＋中臣鎌足」のコンビは、天武天皇にとって天敵といってもよい間柄であった。

持統天皇の万葉歌に、有名なつぎの一首がある。

春過ぎて夏来《きた》るらし白栲《しろたへ》の衣《ころも》乾《ほ》したり天《あま》の香具山《かぐやま》（巻一―二十八）

「春が過ぎて夏が来たらしい、天香具山に白い衣が干してあるよ」という意味だ。学者の多くは、「名歌だ」と讃えるが、即物的で味気のない歌だ。だいたい、ヤマトを代表する霊山＝天香具山に、なぜ洗濯物が干してあるというのだろう。

歴史作家・梅澤恵美子は、この歌を「天《あま》の羽衣《はごろも》伝承そのもの」と喝破した（『額田王の謎』ＰＨＰ文庫）。干してあったのは天女《てんにょ》の羽衣で、「羽衣を奪えば、天女は身動きができなくなる。春が過ぎて夏が来たように、チャンスが到来したのだ」という意味だといい、天の羽衣の持ち主である豊受大神《とようけのおおかみ》は、天武の朝廷を暗示しているというのである。

豊受大神は真名井《まない》で沐浴《もくよく》をしていて、老翁に木にかけておいた羽衣を奪われてしまい、天に戻ることができなくなってしまった。やむなく老翁のもとで暮らし、万病に効く薬を造り続け、老翁の家に富をもたらしたが、老翁は増長し豊受大神は放逐されたという。つまり、天香具山に白栲が干してあるというのは、天の羽衣のことで、あの白栲を奪ってしまえば、勝利が転がり込むといっていることになる。だからこれは、政権交替の歌だという。卓見である。

他の拙著の中で述べたように、天武を支えていた人々は、「トヨ」と縁の深い人々で、なぜ「トヨ」かというと、豊受大神とつながっていたからである。

このように、持統天皇は天武の王家を乗っ取り、天智の娘として即位していたと考えれば、多くの謎が解けてくる。そして『日本書紀』は、このような政変が起きていたことを湮滅《いんめつ》させてしまった。そのいっぽうで、高天原《たかまのはら》に燦然《さんぜん》と輝く太陽神＝アマテラス（天照大神）を女神《めがみ》に仕立て上げ、持統天皇を太陽神になぞらえることに成功したのだった。何のことはない。名目上は天武天皇の王家でありながら、観念上は「アマテラス（持統天皇＝天智天皇の娘）を始祖とする新たな王家」を創設し、天智天皇の王家が復活していたのだ。つまり、壬申の乱でひっくり返った政権が、天武天皇の崩御ののち、再びもとの姿に戻ったのである。

この図式が浮かびあがってきたので、改めて『古事記』と『日本書紀』の外交にまつわる見解の違いが、大きな意味をもってくることに気付かされるのである。

すでに述べたように、『古事記』は新羅を、『日本書紀』は百済を支持していた。現実の政権では、中大兄皇子（天智天皇）は百済救援に躍起になり、遠征に際し、大海人皇子（天武天皇）は姿を見せなかった。それ以前、乙巳の変の蘇我入鹿暗殺に際しても、大海人皇子はあてにされていなかった。とすれば、大海人皇子は「親百済」の中大兄皇子に反発していた可能性が高い。事実、政権を獲得したのち天武天皇は、新羅との間に友好関係を構築している。

ということは、『日本書紀』は天智系、『古事記』は天武系の歴史書ということになるのだろうか。

『古事記』の謎解きは、ここからが本番である。

第二章

誤解された『古事記』

アメノヒボコ伝承で知られる兵庫県豊岡市出石町

『古事記』の不可解な外交姿勢

七～八世紀の東アジア情勢を俯瞰すると、『古事記』という文書の不可解さが、際立って見える。『古事記』は朝鮮半島の新羅《しらぎ》に好意的な文書なのだが、これは、『古事記』編纂《へんさん》当時の朝廷の外交政策と、真っ向から対立する考えだ。『古事記』編纂（和銅《わどう》五年〈七一二〉）から八年後に完成した正史『日本書紀《にほんしょき》』は、はっきりと「反新羅」を打ち出している。『日本書紀』は、新羅の宿敵・百済《くだら》に好意的なのだ。時代背景を鑑《かんが》みるならば、これが自然なのであって、『古事記』の方が異常なのである。

『古事記』と『日本書紀』の外交問題にまつわる「温度差」を、軽視するわけにはいかない。「新羅をとるか、百済をとるか」をめぐって幾たびも政局は流転《るてん》し、多くの血が流されたからだ。「新羅VS百済問題」は、遺恨を残した朝廷内の大問題なのである。

壬申《じんしん》の乱《らん》（六七二）といえば、天智《てんじ》天皇の弟（大海人皇子《おおあまのみこ》）と子（大友皇子《おおとものみこ》）が骨肉の争いを演じた事件として知られているが、お家騒動の原因のひとつは、新羅と百済をめぐる外交問題であった。すでに滅亡していた百済の再建を目指した大友皇子は新羅討伐を目論《もくろ》む中国の唐《とう》と手を結び、かたや大海人皇子は、新羅と手を組み唐の半島支配を阻もうと考えたのである。

事実、こののちの大海人皇子（天武《てんむ》天皇）の行動は、まさに反百済、親新羅という図式がぴったりと当てはまる。

壬申の乱を制した大海人皇子は、都を百済系遺民の集住する近江《おうみ》から飛鳥《あすか》に戻し、即位した（天武天皇）。百済系の官人は朝廷から排除されたが、彼らが復活するのは、天武天皇亡き後であった。つまり、天武朝は「親新羅政権」だった。そして問題は、八世紀前半の政権は、「親百済政権」に入れ替わっていたことだ。

このような、外交戦略の差がなぜ生まれたのか、どのように外交戦が展開されたのかについては、次章で詳述する。ここでは、再び、話を『古事記』に戻す。

『古事記』は、政敵に囲まれた中、天皇の命で編まれた奇妙な歴史書（勅撰書《ちょくせん》）ということになる。だから、『古事記』の牧歌的な神話ばかりに目を奪われていると、この文書の本質を見誤る。

四世紀末以降、朝鮮半島南部の新羅、百済、伽耶《かや》（任那《みまな》）の諸国は、北方の騎馬民族国家高句麗《こうくり》の南下政策に頭を悩ませていた。互いを牽制し合いながら、高句麗が南下してくると、時には三者が手を結び、時には高句麗と手を結ぶ者も現れた。そのような複雑な駆け引きの中で、「誰がヤマト朝廷を味方につけるか」が、彼らにとって最大の関心事になっていった。背後の憂いのないヤマトの加勢を得れば、優位に立てたからである。彼らがヤマトに王族の人質を送って寄こしたのも、軍事的支援を得たいがためだった。

ふたつの日本と『古事記』

六世紀の伽耶（任那）は、新羅と百済の圧迫を受け、領土を削り取られ、西暦五六二年に新羅に併呑される。その直前、ヤマト朝廷の出先機関である任那日本府は、たびたび天皇の命令に背《そむ》き、百済と対立していた。なぜこのような事態が出《しゅっ》来《たい》したのかといえば、「百済をとるか新羅をとるか」の国内調整すらままならなかったことを意味する。

その後、百済、新羅、高句麗、唐、日本の各勢力は、それぞれの思惑を胸に秘め、外交戦を展開していく。その中で、百済や新羅、そして高句麗は、日本の出方にやきもきしただろうし、有能な外交官を送り込み、ロビー活動にいそしんでいたにちがいない。当然、朝廷内にも、「親百済派」「親新羅派」の派閥は生まれていっただろう。

興味深いのは、朝鮮半島をめぐる「ふたつの日本」は、かなり早い段階で袂《たもと》を分かち、対立していた可能性が高いことなのである。

たとえば、「地理」という視点からも、「親新羅」「親百済」が分かれることがある。日本列島と朝鮮半島を結ぶ玄界灘《げんかいなだ》の航路は、西の「博多→壱岐《いき》→対馬《つしま》」というルートと、東の「宗像《むなかた》→沖ノ島」を経由するルートがあった。そして、西の対馬ルートは百済と、東の沖ノ島ルートは、新羅とのつながりが強かったことがわかっている。

神話にも、朝鮮半島の影響が反映している。たとえばスサノオは、高天原《たかまのはら》から葦《あし》原中国《はらのなかつくに》を訪れる直前、まず新羅に向かっていたという話が『日本書紀』の異伝に載っている。スサノオの娘に宗像三神《むなかたさんしん》がいたが、彼女たちは「宗像↓沖ノ島」ルート上で祀《まつ》られる神で、北部九州の新羅系の神々と、深くかかわりをもつ。『出雲国風土記《いずものくにふどき》』には、新羅の土地があまっているからと、綱を掛けて引き寄せ、出雲のものにしたとある。

八世紀の段階で「親百済」「親新羅」、ふたつの立場からふたつの歴史書が編まれた事実に、興味を抱かずにはいられない。壬申の乱が古代版関ヶ原の合戦で、東西日本が激突し、しかも、背後に新羅と百済の暗闘の図式が隠されていたように、『古事記』と『日本書紀』ふたつの歴史書の中に、ヤマト朝廷誕生以来連綿と続いてきた「ふたつの日本」の正体が隠されているように思えてならないのである。

では、そもそも『古事記』とはどのような文書だったのか。しばらく『古事記』そのものについて考えておきたい。

八百万の神々が活躍する『古事記』

八百万《やおよろず》の神々が活躍する『古事記』神話は、ドラマティックで飽きることがない。日本人の精神世界の原点、心の故郷とも讃えられている。

『古事記』序文には、和銅五年（七一二）に『古事記』が編纂された、と記されている。これが正しければ、現存最古の歴史書ということになる。ちなみに正史『日本書紀』は、こののち八年後に編纂されている。さらに余談ながら、平城京遷都《へいじょうきょうせんと》が、和銅三年（七一〇）のことだ。

なぜ、『古事記』は多くの人々に愛されるのだろう。『日本書紀』は役人くさく、『古事記』は人間くささが漂う歴史書、というイメージが付きまとう。だからこそ、『日本書紀』よりも『古事記』が好まれるのだろうか。

『古事記』が注目を集めるようになったのは、それほど古い話ではない。江戸時代の国学者・本居宣長《もとおりのりなが》が『古事記』を称賛して、ようやく世間が注目しはじめたのだ。

本居宣長は、「『日本書紀』ではなく、『古事記』を尊重すべきだ」と、述べている。その理由について、『日本書紀』は「漢（中国）」の「潤色」に満ちているから、という。すなわち、漢文に合わせて飾り立て、思想も「漢意《からごころ》」に満ち、「まことの道」が疎んじられているというのだ。そして、虚飾に満ちた「漢意」を捨て、「大和心《やまとごころ》」に彩られ、「人の情そのまま」の『古事記』こそ、日本人の歴史書だと断定したのである。

興味深いのは、「陰陽の理《ことわり》」「陰陽五行説《いんようごぎょうせつ》」を中国の私説にすぎないと批判していることだ。その証拠に、天竺《てんじく》（インド）の仏典には、「四大」が物事の根源として重視されているし、日本では、日神《ひのかみ》が女神・天照大神《あまてらすおおみかみ》で、月神《つきのかみ》の月夜見命《つきよみのみこと》は男神《おがみ》なのだから、「陰陽の理」は間違っている、と述べる。

そして、『日本書紀』の冒頭に、「古《いにしへ》に天地《あめつち》未《いま》だ剖《わか》れず、陰陽《めを》分《わか》れず、渾沌《こんとん》にして鶏子《とりのこ》の如《ごと》く、溟涬《めいけい》にして牙《きざし》を含《ふふ》めり（昔々、大昔。天と地がまだ分かれないで、陰と陽も分かれない混沌の状態だった。鶏の卵のようで、また、ほの暗い中にも、何かが生まれる兆を含んでいた)」とあって、ここに「漢意」の「陰陽」の二文字がはっきりと記されることを問題視した。『日本書紀』のこの一節は、『淮南子《えなんじ》』など、中国の文書から引用したもので、まさに「漢意」に満ちた文章であった。

これに対し『古事記』の天地開闢《てんちかいびゃく》の件《くだり》は「天地初《あめつちはじ》めて発《あらは》れし時《とき》に、高天原《たかあまのはら》に成《な》りし神《かみ》の名《な》は、天之御中主神《あめのみなかぬしのかみ》」とあって、「陰陽」という発想はない。だからこそ、『古事記』が第一で、『日本書紀』は第二にするべきだ、と本居宣長は主張したのである。

「『古事記』は日本人の心の故郷」という発想は、本居宣長が唱えはじめ、定着した考えと言えよう。

百済を贔屓する『日本書紀』

本居宣長が『古事記』を絶賛してから先、『古事記』は神道の聖典と考えられるようにもなった。「やまとごころ」と『古事記』は、強く結ばれて語られるようになった。『古事記』こそ日本的な文書だという印象が、強烈に焼き付けられたのである。

しかし、本当に『古事記』は「日本的」で「純粋」だろうか。のちに詳述するが、『古事記』編纂に代表的な渡来人・秦氏《はたし》が大いにかかわりをもっていたのではないか、とする考えがある。『古事記』序文は、太朝臣安万侶《おおのあそみやすまろ》が『古事記』を編み、献上したと記されるが、この多《おお》(太)氏と秦氏は強く結ばれていたといい、この伝手《つて》を頼りに、秦氏が『古事記』編纂にかかわっていたのではないかとする。また、「大年神《おおとしのかみ》」という『日本書紀』にはみえなかった神統譜が加えられ、それが朝鮮半島の神々だったというのである。

歴史書には、政治的な意図が隠されているものなのだ。

すでに触れたように、『古事記』は新羅寄りの文書で、いっぽうの『日本書紀』は、百済寄りだ。

『日本書紀』は、「現政権の正当性を証明するために記された歴史書」で、「われわれは百済を支持してきた」と表明している。もちろん、これは政治的な意図をもっている。

その例を、いくつか挙げてみよう。

まず『日本書紀』と百済の関係だ。

『日本書紀』には、他国の資料を、参考にした部分がある。その中でも、百済系の文書の分量が、他を圧倒している。継体紀《けいたいき》と欽明紀《きんめいき》には、「百済本記《くだらほんき》に云《い》はく（『百済本記』にはこう書いてある）」と、百済の視点から描かれた資料が頻繁に引き合いに出されている。ちょうどこの時代、任那の利権と存亡を懸けて、ヤマト朝廷と新羅と百済が、三つ巴《みどもえ》の駆け引きを展開していた時代で、百済と新羅双方の言い分があったはずなのに、『百済本記』の記事を多用しているところに、『日本書紀』の性格が現れている。

『百済本記』だけの問題ではなく、継体十七年（五二三）と十八年の二年間の『日本書紀』の記事は、百済王家にまつわる次の二行だけだ。

十七年の夏五月に、百済王《くだらのこにきし》武寧《むねい》薨《みまか》る。

十八年の春正月に、百済太子明《くだらのこにせしむめい》、位《くらゐ》に即《つ》く。

日本の歴史を描いた『日本書紀』であるのに、異常なものといっていい。継体天皇の子の欽明天皇の時代に任那は滅び、新羅に併呑されるが、朝鮮半島南部の争乱をめぐって、やはり『百済本記』が頻繁に引用されている。

また、『日本書紀』欽明二十三年（五六二）夏六月には、欽明天皇の詔《みことのり》が記録されていて、新羅を罵倒している。「新羅は西方の蛮族《ばんぞく》（西羌《せいきやう》の小醜《せうしう》なり）」とか、「天に逆らい、恩義に背いた」「新羅は任那に侵攻し、残虐な行為をくり広げた」「悪逆無道の者どもを誅殺《ちゆうさつ》しなければ、恨みが残る」と、ありとあらゆる言葉を用意している。

どこからどうみても、『日本書紀』は新羅を敵視し、百済を支持している。

『古事記』と『日本書紀』で食い違うアメノヒボコ来日説話

では『古事記』の場合はどうだろう。

もっともわかりやすいのは、新羅王子・アメノヒボコと神功皇后《じんぐうこうごう》をめぐる説話だろう。

『日本書紀』のアメノヒボコ来日記事は、垂仁《すいにん》三年と八十八年の条二ヶ所に記される。アメノヒボコが新羅からやってきて、神宝《しんぽう》を天皇に献上した、という話で、分注には「日本国に聖皇《ひじりのきみ》（崇神《すじん》天皇）がいらっしゃると聞き、新羅を弟に任せ、こうして帰化した」といい、神宝を奉献した、と記される。

これに対し『古事記』は、第十五代応神《おうじん》天皇の場面に記録し、しかもアメノヒボコは崇神天皇を慕って来日したのではなく、妻を追って日本にやってきたと、内容が違う。

『古事記』には、次のようなアメノヒボコ来日説話が残される。

新羅国の阿具奴摩《あぐぬま》（アグという沼）で賤《いや》しい女が昼寝をしていると、突然太陽が七色に輝き、女のホト（陰部）を突き刺した。女は赤い玉を産み落としたが、これを見ていた賤しい男は、玉を貰い受け、持ち歩いた。ある日、アメノヒボコが男を捕らえて牢に入れようとした。男は無実を訴え、玉を差しだし許された。すると玉は美しい乙女に化け、アメノヒボコは妻に迎えた。乙女は御馳走を作ったが、アメノヒボコは次第に増長し、妻を罵るようになった。すると乙女は、「そもそも私は、あなたの妻となるべき女ではありません。私は親の国に行きます」と告げ、小舟に乗って日本に逃げてしまった。アメノヒボコは妻を追い、難波に着いたが、神が邪魔して先に進めなかった。仕方なく多遅摩国《たじまのくに》(但馬《たじま》)に向かい、ここに留まった……。

この説話は、中巻最後の応神天皇の生涯と、死後のお家騒動を語ったあとに、「その昔」と、話が続いている。『古事記』には、「アメノヒボコの末裔《まつえい》が神功皇后(応神天皇の母)」と記されていることから、この人物の来日は、応神天皇の時代よりもかなり遡《さかのぼ》ることになる。では、いつごろなのかというと、『日本書紀』によれば、第十一代垂仁天皇の時代だったとある。第十代崇神天皇が実在の初代王と考えられているから、ヤマトの黎明期、四世紀ごろの話になりそうだ。

『日本書紀』のアメノヒボコ来日説話は、次のような話だ。

垂仁天皇三年春三月、新羅王子・アメノヒボコが来日し、七つの神宝を但馬国に納めたとある。そして、別伝には、アメノヒボコは「日本に聖皇がいらっしゃると聞き、やってきた」といい、崇神天皇を慕ってやってきたこと、すでに亡くなってしまったことを知り、但馬に行き着いたという。

アメノヒボコの来日の目的が、『古事記』ではドラマティック、かたや『日本書紀』は、優等生のもので、図式はどこかヤマトタケルと似ている。ただし、『日本書紀』には、意富加羅国《おおからこく》（金官《きんかん》伽耶）の王子で額に角の生えたツヌガアラシト（都《つ》怒我阿羅斯等《ぬがあらしと》）の来日説話を載せるのだが、これが『古事記』のアメノヒボコ来日説話とそっくりなのである。

なぜ、『古事記』と『日本書紀』の説話は噛み合わず、混乱してしまったのだろう。なぜ『古事記』のアメノヒボコ、『日本書紀』のツヌガアラシトの来日説話がそっくりなのだろう。

アメノヒボコ伝承の混乱の原因

アメノヒボコをめぐって伝承が混乱するのは、アメノヒボコが新羅王子だったからではあるまいか。『古事記』と『日本書紀』の新羅に対する評価の差が、それぞれの説話に影響を与えた可能性がある。特に、『古事記』の新羅贔屓《ひいき》は、アメノヒボコやツヌガアラシト、あるいはアメノヒボコの末裔の神功皇后の伝説の中で顕著な形で現れる。

たとえば、『日本書紀』は垂仁天皇の時代、帰国する任那人に赤絹《あかきぬ》百匹をもたせ、任那王に下賜《かし》したが、新羅人に奪われてしまい、新羅と任那のいさかいがはじまったと記す。そして別伝で、この赤絹を奪われた任那人はツヌガアラシトだったというが、『古事記』はこの事件そのものを無視する。

神功皇后が新羅征討をした話は、『日本書紀』と『古事記』双方に記録されるが、『日本書紀』には、これみよがしに新羅王宮の門に矛《ほこ》を立て、征服の証《あかし》にしたと記され、新羅を蔑視《べっし》しているが、裏腹に『古事記』には、杖を立てて住吉《すみよし》神を新羅の国を守る神にした、と記される。

例を挙げればきりがないので、ここでやめておくが、第十五代応神天皇の母・神功皇后の祖が新羅王子・アメノヒボコであったことは、『古事記』が伝えていることで、『日本書紀』は、黙殺している。この違いを無視することはできない。王家の母系の祖が新羅系であった事実を、『日本書紀』は「できればなかったことにしたい」と考えていたのではなかろうか。

もちろん通説は、「神功皇后は架空の存在であり、アメノヒボコの実在性も怪しい」と高をくくっているから、この差にまったくこだわっていない。しかし、『古事記』の編者が仮に、「神功皇后やアメノヒボコは、実在しなかった」と考えていたとしても、それならなぜ、『古事記』の編者は作り話を用意してまで、ヤマトと新羅の王家の血のつながりをでっちあげる必要があったのか、かえって謎が生まれるのである。

やはり、どう考えても、『古事記』は新羅寄りの文書なのである。そして、ここに『古事記』最大の謎が隠されていると言っても過言ではない。

新羅をとるか百済をとるか、ヤマト朝廷に突きつけられた二者択一は、現代に置き換えれば、アメリカと中国、どちらと手を組むのか、という問題に匹敵する。国家の存亡にかかわる重大事であった。

『日本書紀』と『古事記』が、ほぼ同時代に編纂されたというのなら、なぜ、まったく正反対の外交感覚をもちだしたのだろう。

三浦佑之《みうらすけゆき》は『古事記のひみつ』（吉川弘文館）の中で、次のように述べる。

律令国家において企図された歴史書編纂の流れを、「日本書」の構想の中で見通したとき、天武朝以降のいずれかの時点に、古事記のような内容をもった歴史書が入り込む余地はないと、わたしは考えている。古事記の内容からみて、律令国家の正史として編纂された歴史書とは考えられないからである。

さらに、国家の手で『古事記』が編纂された理由を見いだすことはできないと、三浦佑之は述べる。まったく同感だ。『古事記』と『日本書紀』が同じ政権内で共存することは考えられないのである。

『古事記』と藤原氏

問題は、八世紀の権力者が誰だったのか、その権力者と『古事記』の間に、接点はあったのかどうかである。

『古事記』が編纂された八世紀は、藤原氏の独裁権力掌握のための時代であった。その藤原氏は、なぜか百済遺民と命運をともにしている。藤原氏は壬申の乱で一度没落し、天武天皇崩御《ほうぎよ》ののち、持統《じとう》天皇によって藤原不比等《ふじわらのふひと》が大抜擢される。そしてこののち、百済系の人々が、官人となって登用されていくのである。

藤原不比等の孫の藤原仲麻呂《ふじわらのなかまろ》（恵美押勝《えみのおしかつ》）の代には、ほとんど理由らしい理由もないまま、新羅征討が計画されている（未遂に終わったが）。その後も、藤原氏は朝堂を独占していくが、なぜか新羅を蔑視し、敵視し続ける。藤原氏は、どこからどう見ても、親百済派の豪族であった。

だからこそ、藤原不比等が権力の頂点に登りつめた時代に親百済に傾斜した『日本書紀』が編纂されたのであって、天皇や国家の意思で『古事記』が編纂されたという話は信じがたい。

ではなぜ、藤原氏は百済寄りなのかと言えば、中臣鎌足《なかとみのかまたり》が百済からやってきたからだと筆者は考える。人質として日本に預けられていた百済王子・豊璋《ほうしょう》こそ、中臣鎌足の正体と見る。

この仮説は通説と大きく異なるため、詳しく説明しなければならないが、すでに他の拙著の中で述べてきたことなので（『日本を不幸にした藤原一族の正体』PHP文庫など）、概略だけ述べておく。

まず、中臣鎌足の父母の名は、『日本書紀』からはわからない。古代史を塗り替えた英雄であり、子の藤原不比等が権力者であった時代に記された正史の中で、系譜をはっきりと掲げられなかったことに、大きな問題がある。通説は、「中臣鎌足は鹿嶋《かしま》（茨城県）からやってきた成り上がり」とする。だが、これは後の時代に藤原側から「ほのめかす」ように言い残された証言であって、『日本書紀』の中で「中臣氏の先祖は天児屋根命《あめのこやね》」と正統性を証明し終えていたのに、藤原氏自身が、「実は鹿嶋からやってきた」と言っていることこそ怪しい。もし本当に中臣鎌足が鹿嶋からやってきたのなら、「出自の怪しさ」は、躍起になってもみ消すのが普通である。

では、何を目的に、「ひょっとするとわれわれは鹿嶋出身かもしれない」と、藤原氏はつぶやいてみせたのだろう。目的は、藤原氏の始祖・中臣鎌足が百済王子・豊璋であったことを隠すためのカモフラージュではあるまいか。

中臣鎌足がはじめて『日本書紀』に登場したとき、無位無冠であった。それにもかかわらず、将来有望なプリンス・中大兄皇子にまるで友人のように近づいている。それどころか、蘇我入鹿《そがのいるか》暗殺現場では、中大兄皇子が剣を振り上げ、体を張って入鹿に立ち向かっていったのに、中臣鎌足は弓をもって、遠くから傍観している。これは、無位無冠の男に許される行為ではない。中臣鎌足が百済王子だったから、中大兄皇子と接触が可能だったのであり、他国の宰相の暗殺劇に直接手を下すことはできなかったのだろう。

中臣鎌足の活躍と豊璋の活躍の時期は、ほぼ重なる。ただし、白村江《はくすきのえ》の戦いの直前、豊璋は百済復興のシンボルとして本国に召還され、王となる。そして敗戦後、高句麗に逃れたと『日本書紀』はいい、『三国史記《さんごくしき》』は、行方不明になったと記録する。

不可解なのは、豊璋の離日と同時に、中臣鎌足の姿が『日本書紀』から消えたことだ。中大兄皇子の右腕だった中臣鎌足が、なぜ国家の命運を左右する遠征に際し、活躍していないのだろう。活躍しないだけではなく、姿をくらますとはどういうことか。

筆者は、このとき中臣鎌足は本当の姿に戻り、百済に向かい、敗戦後に日本に立ち返り、再び、中臣鎌足になっていたのだろうと考える。

藤原氏が親百済派だったのは、彼らが百済系だったからにほかなるまい。

『古事記』と『日本書紀』の記事の違いとは

藤原氏は百済系で、だからこそ、藤原氏の天下が到来したちょうどその時、親百済の正史『日本書紀』は編纂された。すると、ほぼ同時に親新羅の『古事記』が編纂されたこと自体が、謎めく。

ならば、この謎を解き明かすためのヒントを探さねばならない。そこで、外交にまつわる記事以外で、『古事記』と『日本書紀』の差があるのかどうか、ふたつの文書を比較してみよう。

『日本書紀』は正史で、国家の正式見解だ。これに対し『古事記』は、序文の中で、天皇の「勅《みことのり》（命令）」で編纂された歴史書だと主張している。だとすれば、『日本書紀』や『続日本紀《しよくにほんぎ》』には『古事記』編纂にまつわる経緯が本来記録されていなければならないはずだが、まったく記録されていない。しかも、『古事記』序文では、『古事記』編纂の端緒となった天武天皇の命令が、下級役人の舎人《とねり》に下したことになっている。これは、あり得ないことで、『古事記』序文の信憑性が疑われる。

『古事記』は勅撰書であるはずなのに、正史として認められているわけではない。当然、正史『日本書紀』が重視され、長い間『古事記』は高い評価を受けることはなかった。

現代にいたり『日本書紀』よりも『古事記』の人気が高まったのは、すでに述べたように、本居宣長が、「漢意で飾り立てられた『日本書紀』、大和心《やまとごころ》の素直な『古事記』」と指摘し、近代以降、文学者たちも、「『古事記』の方に、文学性がある」と認めたからである。

神話と言えば『古事記』が有名だが、『日本書紀』も皇祖神《こうそしん》や出雲《いずも》神たちの活躍を記録している。そのあとに、初代神武《じんむ》天皇以下第四十一代持統天皇（六四五〜七〇二、在位六九〇〜六九七）までの歴代天皇の歴史を記録する。

いっぽうの『古事記』も、神代《かみよ》から初代神武天皇をへて、第三十三代推古《すいこ》天皇（在位五九二〜六二八）までを記録する。

『古事記』と『日本書紀』では、全体の構成に、大きな差がある。

まず『日本書紀』は、神代を上下二巻に分け、さらに基本的には、ひとりの天皇に一巻をあてる（もちろん例外もあるが）。これに対し『古事記』は、上中下の三巻で、上巻は神話。中巻は初代神武天皇から第十五代応神天皇まで、下巻は第十六代仁徳《にんとく》天皇から推古天皇までをあてている。神話部分の分量は、『日本書紀』が全体の十五分の一なのに対し、『古事記』は三分の一と、力のいれようが明らかに違う。

ただし『古事記』は、五世紀末の第二十二代清寧《せいねい》天皇の段で歴史記述はほぼ終え、その後は天皇の系譜、宮、御陵《ごりょう》を記すだけだ。王朝交替が起きていたのではないかと疑われる第二十六代継体天皇（在位五〇七〜五三一）の即位の経緯も、まったく記されていない。これはとても不思議なことなのだ。『日本書紀』の記事を読めばわかるように、六世紀から七世紀にかけて、政局は揺れ動き、多くの悲喜劇が起きていた。そして、八世紀にようやく安定した政権が生まれつつあったのだ。とすれば、なぜ恨み、恨まれ、殺し合ってきた壮絶な歴史を、『古事記』は語ろうとしなかったのか、大きな謎を生むのである。

出雲神を悪し様に記す『日本書紀』

神代から五世紀末までに関していえば、『古事記』と『日本書紀』、ふたつの歴史書に書かれている内容は、大きな差はない。ただ、それぞれの話の細部に分け入ると、いくつもの差が見られる。

たとえば、『古事記』の場合、出雲神に対し、『日本書紀』ほど辛辣《しんらつ》な批判は行っていない。その例をひとつ挙げておこう。

出雲神話といえば、大国主神《おおくにぬしのかみ》の「稲羽《いなば》の素兎《しろうさぎ》」を思い浮かべる方も多かろう。あらすじは以下の通り。

大国主神（大穴牟遅神《おおなむじのかみ》）と兄弟の神々（八十神《やそかみ》）は、稲羽（因幡《いなば》国、鳥取県東部）の八上比売《やがみひめ》と結ばれたいと願い、出かけた。兄弟たちは大国主神に荷物を負わせ、従者のようにして連れて行った。道中ワニ（サメ）に襲われ毛皮をはがされた素兎に出くわし、兄弟たちはいじめ、大国主神は助けた。すると素兎は、「八上比売を得るのは、あなただ」と言った……。

ただし、単純なハッピーエンドというわけにはいかない。ここから先、話は複雑になっていく。兄弟たちは素兎の話を聞き、妬み、大国主神をいじめぬき、殺してしまう。根堅州国《ねのかたすくに》（根国《ねのくに》。異界。死の世界）に赴いた大国主神は、スサノオに出会い、いくつもの試練を乗り越え復活する。そしてスサノオの娘のスセリビメ（須世《すせ》理毘売《りびめ》）を正妻に迎え入れ、もとの世界に戻ると、ようやく八上比売と結ばれたのだ。ところが八上比売は正妻に遠慮して、産まれ落ちた子を木の股に挟み、帰って行ってしまった（なんと皮肉な結末なのだ）。こののち大国主神は国造りに励み、葦《あし》原中国《はらのなかつくに》（ようするに日本列島）に君臨するのだ。

このように、『古事記』に登場する出雲神は、「人間味？」たっぷりで、憎めないキャラクターがそろっている。だからこそ、『古事記』の神話は、多くの人々に親しまれていると言えよう。

対する『日本書紀』は、出雲神を「邪鬼《あしきもの》」と蔑《さげす》む。出雲の国譲《くにゆず》り神話の冒頭、葦原中国の様子を、次のように記している。葦原中国には、蛍火《ほたるび》のように光る神と、蠅声《さばえ》なす（五月の蠅《はえ》のように騒がしくすること）邪神《あしきかみ》がいるといい、高天原の神は、「葦原中国の邪鬼を除き、平定してしまいたい」と述べ、こののち出雲に工作員が送り込まれ、出雲の国譲りへとつながっていく。

ここにはっきり、「邪神」や「邪鬼」と述べ、葦原中国の神を罵っているが、これは『古事記』にはない表現だ。『日本書紀』は、明らかに出雲を蔑視して、敵として描いているのである。

日本的な表現にこだわった『古事記』

表現方法も異なる。

『古事記』は基本的に漢文で書かれているが、純粋な漢文ではない部分が残っている。文字ではなく、口誦《こうしょう》によって伝わってきた話を文字に起こしたためで、これを口誦的和文脈と呼んでいる。

『古事記』自身が、序文の中で、「日本の歴史すべてを漢字で書き表すことは、むずかしい」と、記している。訳すと、次のようになる。

皇帝陛下（元明《げんめい》天皇）は、旧辞《きゆうじ》に誤りがあり間違っていることを惜しまれ、帝紀《すめろきのふみ》（歴代天皇の系譜と主な事蹟）の誤謬《ごびゆう》を正すために、和銅四年九月十八日に、臣・安万侶《やすまろ》に詔され、「稗田阿礼《ひえだのあれ》が誦《よ》んだ勅語《ちよくご》の旧辞を撰《えら》び記録し、献上せよ」とおっしゃった。そこで謹《つつし》みてこの詔のままに、事細かに、記事を採録した。ただし、上古の言葉や意味は、素直で飾りけがなく、文を文字に換えることに難しさがあった（文《ふみ》を敷《し》き句《ことば》を構《かま》ふること、字《もじ》に於《おき》ては即《すなは》ち難《かた》し）。

具体的には、すべて「訓」で書き表すと、微妙なニュアンスが伝わらず、かといって、全部「音」を用いて書いてしまうと、長文となってしまってややこしい。そこで、「音」と「訓」を両方交えて記録する、といい、例を挙げている。姓の「日下《くさか》」は「玖沙訶《くさか》」とし、名の「帯《たらし》」は「多羅斯《たらし》」とする、という。

そして、本文には、「いつのちわきちわきて＝伊都能知和岐知和岐弖（威厳をもって道を選んだ）」「うきじまり、そりたたして＝宇岐士摩理、蘇理多々斯弖（姿勢を正して屹立《きつりつ》した）」というように、言葉で伝えられた物語を、「一文字ごとの漢字の音」を利用して、表現した。また、「取《と》り負《お》ひ（〜を背負い）」「取《と》り佩《は》き（〜を腰に下げ）」といった日本語特有の言い回しはそのまま残し、「取負」「取佩」の二文字で表現している。

『古事記』のヤマトタケルは手のつけられない暴れ者

歴史時代の記事で『古事記』と『日本書紀』の間に差が大きく見受けられるのは、ヤマトタケル（小碓命《おうすのみこと》、倭建命《やまとたけるのみこと》、日本武尊《やまとたけるのみこと》）をめぐる伝承である。一般的に知られているヤマトタケル伝承は、『古事記』のものだ。それはなぜかというと、『日本書紀』の説話は機械的で、血が通っていない印象があるからだろう。『日本書紀』のヤマトタケルは、優等生だ。父・景行《けいこう》天皇の命令に従順に従い、粛々《しゅくしゅく》と南部九州の熊襲《くまそ》を討ち、ヤマトに帰還すると、今度は東国の蝦夷《えみし》が背いた。ヤマトタケルは、「私は西征で疲れましたので、今回は兄の大碓皇子の役目でございましょう」と進言した。ところが兄は逃げて草むらに隠れてしまった。するとヤマトタケルは「つらいですが、私が行って、平定してきましょう」と、勇ましく東征に向かった。まさに、模範的な人間として描かれているのである。

対する『古事記』のヤマトタケルは、卑怯で凶暴で、女々しい。

まず、ヤマトタケルは景行天皇の命令を誤って解釈し、兄の大碓命を、殺している。厠《かわや》で待ち伏せし、捕らえ、押しつぶし、手足をもぎ取って薦《こも》につつんで棄ててしまったのだった。景行天皇はヤマトタケルの荒々しい心を恐れ、半ば放逐するようにクマソ征討に差し向けたのだった。クマソを討つ場面でも、ヤマトタケルは相手をだまし討ちにしている。凱旋の途中、ヤマトタケルは出雲に立ち寄り、当地の首長・イズモタケルと友誼《ゆうぎ》を結んだうえでだまして殺した。

ヤマトに戻ってきたヤマトタケルに、景行天皇は「すぐさま東国を平定してくるように」と命じた。するとヤマトタケルは、「父上は私に死ねと言っているのだろうか」と嘆き、東国に向かったのだった。こののちヤマトタケルは、人が変わったかのように活躍し、能煩野《のぼの》（三重県亀山市）で悲劇的な最期を遂げる。ヤマト帰還を夢みたヤマトタケルは、死して白鳥となり、西に向かって飛んでいった。ヤマトタケルの人気が高いのは、後半の東国征討説話が切なく悲しいからである。

天皇家の英雄であるはずのヤマトタケルを、なぜ『古事記』は、「複雑な人間性を併せ持っていた」と記録したのだろう。答えは単純で、『古事記』のヤマトタケルは「神話的要素に満ちていた」ということだ。日本人にとっての神は、恵みをもたらすありがたい存在であるとともに、祟《たた》りや災害をもたらす恐ろしい存在だった。神は表と裏のふたつの顔をもっていたのだ。だから、祟り神を丁重に祀れば、豊穣の神に変身すると信じられていた。荒々しい神ほど、大きな幸をもたらすのだから、手のつけられない乱暴者だったヤマトタケルは、一転して政敵を打ち負かす、正義の味方に変身できたのである。

百済遺民を排除した天武天皇

似て非なる文書、『古事記』と『日本書紀』。

なぜ八世紀前半、ふたつの文書が求められたのだろう。

ここで『古事記』をめぐるキーマンにご登場願おう。もちろん『古事記』編纂の端緒を開いた天武天皇（大海人皇子）である。

気になるのは、『古事記』や『日本書紀』が編纂される直前まで、現実の政治の世界で、「新羅をとるか百済をとるか」をめぐって争われ、大きく政局がうねっていたことだ。しかも、その渦中の人が天武天皇で、『古事記』、『日本書紀』、どちらも、この人物が編纂の発端になっているところに、話の妙がある。

天武天皇は壬申の乱を制したあと外交に関して、中立を保っていたわけではない。積極的に新羅と手を組んでいる。経緯は以下の通り。

白村江の敗戦ののち、中大兄皇子は近江に都を置いて即位するが、なぜ近江を選んだのかといえば、百済遺民が集住していたからであろう。天智《てんじ》四年（六六五）二月是月《このつき》の条には、百済の百姓《おおみたから》男女四百余人を近江国神前郡《おうみのくにかむさきのこおり》（滋賀県東南部）に住まわせたとある。三月には、神前郡の百済人に田を賜《たまわ》った。同年秋八月、百済の亡命貴族を長門国《ながと》（山口県）と筑紫国《ちくし》（福岡県）に遣わし、城を造らせている。唐の大軍が押し寄せてくることを恐れてのことだ。

天智八年（六六九）には、百済から亡命した王族ら、男女七百余人を近江国蒲生《がもうの》郡《こおり》（滋賀県東南部）に移し住まわせたとある。

このように、天智天皇は百済遺民を近江に住まわせ、また百済系の遺民を重用したのだった。だから壬申の乱が勃発すると、百済遺民や百済系の豪族が、大友皇子とともに戦っている。

まず、天武の政敵・近江朝は、百済寄りの政権であった。壬申の乱で天武天皇が東国に逃れただけで、近江朝は浮き足立ち、多くの兵卒が逃げてしまったが、そんな近江朝の中でも奮闘したのは、田辺史《たなべのふひと》や壱伎史《いきのふひと》ら、百済系の帰化人や、藤原氏と親しかった渡来系の豪族（しかも親百済派）で、彼らは天武天皇が即位すると没落してしまったのである。

壬申の乱の主戦場が近江（滋賀県）だったから、百済遺民は大友皇子に加勢し、敗れ去った。だから、天武天皇は乱を制すると、天智朝で登用された百済系遺民を、誰一人取り立てていない。

『日本書紀』と『古事記』の編纂の経緯

このように、近江朝は明らかに親百済政権で、大友皇子を滅亡に追い込んで権力を勝ち取った天武天皇は、百済の敵・新羅と手を結んだのである。

この「偏った外交戦略をもつ人物」が、親百済、親新羅、ふたつの歴史書の編纂にかかわっていたことからして、奇妙奇天烈《きてれつ》な話なのだ。本当に天武天皇は、『日本書紀』と『古事記』にかかわりをもっていたのだろうか。

そこで改めて、『日本書紀』と『古事記』、それぞれの編纂のきっかけを、『日本書紀』と『古事記』の文面から、明らかにしておこう。まずは『日本書紀』である。

『日本書紀』推古二十八年（六二〇）是歳《このとし》の条《じょう》に、皇太子（聖徳太子）、島大臣《しまのおおおみ》（蘇《そ》我馬子《がのうまこ》）は協議して、『天皇記』と『国記《こっき》』を記し、諸氏族にまつわる資料をまとめたとある。『日本書紀』につながる事業が、このころからはじまっていたことがわかる。

天武十年（六八一）三月十七日、天皇は大極殿《だいごくでん》にお出ましになり、川島皇子《かわしまのみこ》、忍壁皇子《おさかべのみこ》らに詔して、『帝紀《ていき》』と上古の諸事《しょじ》（伝承や説話）を記録させたとある。これが、『日本書紀』編纂の端緒になったと、考えられている。

『日本書紀』が完成したのは、養老《ようろう》四年（七二〇）五月のことだ。『続日本紀』には、「舎人親王《とねりのみこ》が、勅を受けて、『日本紀《にほんぎ》』を編んだ。紀三十巻、系図一巻である」と記される。舎人親王は、天武天皇の子である。

通説は、天武天皇の時代に編纂がはじまり、子の代に事業は継承されたのだから、『日本書紀』は天武天皇にとって都合の良いように編纂されたと考える。壬申の乱で甥《おい》を殺して政権を獲得したことの正当性を獲得する必要があったと推理する。本来一巻でまとめるべき天武天皇の業績は、二巻に分けられ、壬申の乱だけで、一巻を割いているのだから、常識的な判断といっていい。

では、『古事記』の場合はどうだろう。序文には、『古事記』編纂のきっかけを、次のように記録している。

天武天皇が即位すると、先述した「今、歴史を改めねば」という『古事記』編纂の詔を述べ、そのあとの経緯を、次のように述べている。

時に、舎人（天皇に近侍し身の回りの世話をするもの）がいた。姓は稗田《ひえだ》、名は阿《あ》礼《れ》。年は二十八。聡明で、目で見るものを口で伝え、耳に聞いたことは心に留め、刻んだ。すなわち天武天皇は稗田阿礼に勅し、帝皇日継《すめろきのひつぎ》（帝紀）と先代旧辞《さきつよのふるごと》（旧辞）を誦み習わせた。しかし、時は流れ世は移ろい、完成しなかった。そして和銅四年（七一一）九月十八日、元明天皇が太朝臣安万侶に詔し、「稗田阿礼が誦んだ勅語の旧辞を撰び記録し、献上せよ」と命じられた。そして、翌年の正月二十八日に、太朝臣安万侶は、『古事記』を献上したと、『古事記』序文は言う。

このように、『古事記』も『日本書紀』も、編纂のきっかけを作ったのは天武天皇だったという。しかし、その後、事業は遅々として進まず、天武天皇の崩御（六八六）ののち三十年を前後して、ふたつの歴史書が完成したのである。

どちらの文書が嘘をついているのか

『日本書紀』も『古事記』も、「編纂のきっかけになったのは天武天皇」という。しかしそのいっぽうで、くり返し述べてきたとおり『日本書紀』は親百済、『古事記』は親新羅と、まったく正反対の意見を持ち合わせていたのだった。もし仮に、『古事記』も序文どおり『日本書紀』と同様、八世紀の前半に編纂されたのなら、そして本当に、ふたつの歴史書が天武天皇の遺志を尊重して編纂されたのなら、どちらかの文書が嘘をついていることになる。

そして、『日本書紀』が「天武天皇にとって都合の良い歴史書だった」ということれまでの史学界の常識が、勘違いであったことに、まず気付かされる。「親新羅の遺志を継承して造られた『日本書紀』が、なぜ親百済の文書に入れ替わっていたのか」という、単純な疑問に、通説はまったく答えていない。天武天皇の外交戦略を継承したのは『古事記』であって、なぜ『古事記』が正史として認められなかったのか、ここに新たな疑問が浮かびあがってくる。

そこで気になってくるのが、「『古事記』偽書説」である。

すでに江戸時代から、「『古事記』は後世の偽作ではないか」と疑われ、二百数十年もの間、疑惑は解消されてこなかった。もし、『古事記』が偽書となれば、「対立する外交政策を掲げるふたつの歴史書が、ほぼ同時に朝廷で編纂されたのはなぜか」という謎に、まずひとつの答えが出るのではあるまいか。すなわち、『日本書紀』がまず編纂され、その後何者かによって、『日本書紀』とは異なる意見を述べる歴史書『古事記』が、記された、ということになる。おそらく「何者か」は、八世紀の政権にとって政敵に当たる人たちであろう。

くすぶり続ける『古事記』偽書説

序文の記事や『古事記』の新羅寄りの記事は多くの矛盾を抱えているから、『古事記』偽書説が、くすぶり続けるのは、当然のことである。

筆者はすでに、『古事記逆説の暗号』（東京書籍）の中で、『古事記』偽書説について触れているので、ここでは簡潔に述べておきたい。

十八世紀半ば、河村秀興《かわむらひでおき》（秀穎《ひでかい》）は『古事記開題《こじきかいだい》』に、「或説《あるせつ》」を引いている。そこには、『古事記』序文の文章が書かれた時代と合わないこと、『日本書紀』と『続日本紀』に古事記成立にまつわる記事が欠如していること、『日本書紀』の天武十年（六八一）三月条の記事と、『古事記』序文に記録された『古事記』成立の経緯に矛盾があることから、『古事記』は偽書だ、という。本居宣長の身辺でも、さかんに偽書説が論議され、本居宣長は否定してまわる。

江戸時代後期の『古事記』偽書説論争は、やがて停滞し、大正時代にいたり再燃する。けれどもいまだに解決せず、くすぶり続けている。『古事記』そのものが、怪しいという考えや、『古事記』の序文があてにならないという意見が、飛び交っているのだ。ただし、大方の国文学者や史学者は、偽書説を頭から否定してかかる。

たとえば矢嶋泉《やじまいずみ》は、『古事記の歴史意識』（吉川弘文館）の中で、偽書説の歴史の長さが、疑惑の深さに通じるわけではないと指摘する。むしろ「偽作の立証に成功を収めることができずに経過した偽書説の歴史」こそ問題だ、と言う。つまり、これだけ長い時間がかかって、いまだに『古事記』偽書説は、決定的な証拠をあげることができないでいる、と言うのである。

そのうえで、次のように続ける。

その間、研究史は和銅年間の成立と捉えて矛盾しない内部徴証をさまざまな角度から確認し、蓄積してきたのであって、現時点で偽書説を採用すべき積極的な理由はないといってよい

なるほど、一理ある。しかし、すでにくり返し述べてきたように、もし『古事記』序文の記事が事実なら、同じ政権内で恨み合うふたつの国それぞれの肩をもつふたつの歴史書が、なぜ編み出されたのか、その意味がまったくわからないのである。

もちろん、『古事記』を精密に検証しつくしてきた文学者や史学者の努力は敬意に値するし、精密に分析していけば、『古事記』が「けっして新しい文書ではない」と判断せざるを得ないことも了解している。しかし、これまでの通説に従うことはできない。顕微鏡ばかり覗《のぞ》いていたから、本質を見誤っているのではあるまいか。木を見て森を見ず、にほかなるまい。

法隆寺とそっくりな『古事記』

ところで、今ふと、まったく関係のないことが頭に浮かんだ。「法隆寺と『古事記』は、似た者同士かもしれない」ということである。

法隆寺は、「飛鳥時代に建てられた最古の木造建築」と称賛され、世界遺産となった。しかし、飛鳥時代の本物の創建法隆寺は、現存しない。若草伽藍《わかくさがらん》という遺構が残るのみなのである。

奇妙なのは、『日本書紀』の天智九年（六七〇）四月の記事に、「法隆寺は全焼した」と記されているにもかかわらず、法隆寺側が「うちは焼けていない」と白を切り通したことだ。このため、法隆寺（西院伽藍）をめぐり、再建・非再建の論争が沸き起こった。そして発掘調査の結果、現存西院伽藍の東南側に若草伽藍が見つかったことで、再建・非再建論争はほぼ決着したのである。

問題は、おそらく和銅年間（七〇八〜七一五）に再建されたであろう法隆寺西院伽藍が、なぜか飛鳥様式を再現しようとしていたこと、法隆寺が、「焼けていない」と、嘘を吐き続けていたことだ。ここに、大きな謎が生まれたのである。

かたや『古事記』の場合はどうだろう。『古事記』は最古の歴史書と信じられてきた。ところが、「『古事記』偽書説」が江戸時代から提出され、後世の偽作ではないかと疑われるようになったのである。

もちろん、通説は「『古事記』の文体は、しっかりと古態を残している」と言い、偽書説を鼻で笑うが、文体が古いからと言って、編纂時期も古いとは限らない。たとえば大和岩雄《おおわいわお》は『古事記成立考』（大和書房）の中で、『古事記』には、『原古事記』とも呼ぶべき古い文書がまず存在して、平安時代にいたり改めて手を加え、編纂し直したのではないかと推理した。仕掛けたのは多人長《おおのひとなが》で、『新撰姓氏録《しんせんしょうじろく》』が『日本書紀』を参考にして書かれたことに不満を抱いたにちがいないとする。『新撰姓氏録』も、政治色の強い文書で、多氏《おおし》の政敵によって編纂されていた。しかも、多氏が薬子《くすこ》の変《へん》（八一〇）で没落したのちに『新撰姓氏録』は編まれ、多氏にとって好ましい文書ではなかった。そこで、勅撰書の『新撰姓氏録』に対抗して、「原古事記」に手を加えて、勅撰書のように見せかけて編み直したのが、今われわれが手にしている『古事記』だったというのである。

多（太）氏は皇別氏族で、太朝臣安万侶と同族である。また、多人長は、平安時代初期の『日本書紀』研究の第一人者で、国語学者、言語学者であり、『古事記』が古い文体で書かれていた謎も、これで理解可能だ。さらに、多家の職掌は大歌師《おおうたし》で、『古事記』の歌物語的性格の意味も、これでわかってくるという。拙著『古事記逆説の暗号』で述べたとおり、筆者は大和岩雄の考えを支持する。

そして、もしこの仮説が正しければ、『古事記』と法隆寺はどちらも、「古くないのに古いと主張し続けてきた」ことになる。これはいったい何を意味しているのだろう。

『古事記』序文は、この文書が『日本書紀』よりも早く成立していたと主張する。しかし、『古事記』で「最初に登場する神」の位置づけから、『古事記』が『日本書紀』編纂後にまとめられた可能性が出てくる。

なぜこのようなことが言えるのか。ヒントとなったのが、『先代旧事本紀《せんだいくじほんぎ》』である。

『先代旧事本紀』にも『古事記』同様に序文があって、推古二十八年（六二〇）春三月、天皇の命を受けて、聖徳太子と蘇我馬子が記したものと説明している。しかし、「天皇」号を初代天皇から用いていること、『日本書紀』や『古事記』の文章を引用していることなど、序文のみならず本文をふくめて、後の世の偽作であることは明らかなのだ。

ここで、それぞれの歴史書が、「いつ誕生したのか（ここでは「自称」を尊重してみる）」を並べてみると、興味深い事実が浮かびあがってくる。『日本書紀』は西暦七二〇年、『古事記』はその八年前の七一二年、『先代旧事本紀』は、七世紀前半ということになる。つまり、『古事記』も『先代旧事本紀』も、どちらの序文も「われわれの方が、『日本書紀』よりも先に完成していた」と述べていたことがわかる。

さらに、神話の冒頭に登場する神も、「古い歴史書ほど、数が増えていく」のだ。『日本書紀』の最初に現れる神は、国常立尊《くにとこたちのみこと》だが、『古事記』の場合、まず天之御中主神以下、五柱の神が出現し、その次に国之常立神《くにのとこたちのかみ》（国常立尊）が登場する。『先代旧事本紀』は、天譲日天狭霧国禅日国狭霧尊《あめゆずるひあまのさぎりくにゆずるひくにのさぎりのみこと》が最初に登場し、そのあとに、天御中主尊《あまのみなかぬしのみこと》や国常立尊が姿を現す。

『古事記』や『先代旧事本紀』の序文を信じるならば、新しく歴史書が編纂されるたびに、余計な神が排除されていったことになるが、実際には、「『古事記』の方が、『日本書紀』よりも古い」と『古事記』序文は語り、これを証明するために、「『日本書紀』の始祖神よりも偉大な神」を用意していた可能性が高い。もちろん、『先代旧事本紀』も同じである。

まるで、子供だましのようにみえるが、こういうところに、『古事記』の怪しさが隠されている。やはり、こういう不自然さがいたるところに垣間見えるから、偽書説はあとを絶たないのである。

そして、顕微鏡を手放し、『日本書紀』と『古事記』を俯瞰すれば、ふたつの日本のそれぞれが、ふたつの歴史書を編纂し、それぞれの言い分を語り合っていた可能性は高くなるばかりなのだ。

そこで次章では、『日本書紀』と『古事記』編纂を発案したという天武天皇にスポットライトを当ててみよう。天武天皇と壬申の乱の秘密である。

第三章

天智天皇と天武天皇

大極殿基壇が復元された難波宮史跡公園（大阪市中央区）

天智天皇と天武天皇はなぜいがみ合ったのか

『古事記』は多くの謎を抱えた不思議な文書だ。『古事記』と『日本書紀』のそれぞれに、「ふたつの日本」「ふたつの朝鮮半島をめぐる、ふたつの思惑」が隠されていた。そして『古事記』序文は、「『日本書紀』よりも早く書かれた」と主張し、『日本書紀』と同等の価値を有する歴史書」であることをアピールしたのである。では、『古事記』はなぜ、時流に逆らい、「親新羅《しらぎ》の書」をあえて強調したのだろう。

この『古事記』と『日本書紀』の差がなぜ生まれたのか、突きつめていくと、「天智《てんじ》天皇と天武《てんむ》天皇、実の兄弟が、なぜ異なる外交方針を打ち出し敵対したのか」という難題に行き着く。この不思議な現象を解き明かさなければ、『古事記』が何を言いたかったのか、その真意もつかめまい。

たまたま、兄弟仲が悪かったから、敵対する百済《くだら》と新羅に分かれたのではなさそうだ。たとえば壬申《じんしん》の乱の勃発直前、大友皇子《おおとものみこ》と大海人皇子《おおあまのみこ》（天武天皇）は、百済をとるか、新羅をとるか、唐のいいなりになって新羅を敵に回すか、唐の脅迫をはねのけて、新羅に味方するのか、ぎりぎりのラインで、駆け引きをしていた気配がある。

大海人皇子が近江《おうみ》から吉野に移ったのが、天智十年（六七一）十月のこと。翌月、『日本書紀』には、気になる記事が載る。対馬国司《つしまのくにのみこともち》が筑紫大宰府《ちくしだざいふ》に、唐の使者・郭務悰《かくむそう》ら六百人と白村江《はくすきのえ》の戦いで捕虜となった人々千四百人が、四十七隻の船に乗ってやってくること、突然彼らが筑紫に押しかければ、敵とみなされ防人《さきもり》の攻撃を受けそうだから、あらかじめ伝えておくようにとことつかったというのである。

『日本書紀』天武元年（六七二）春三月の条には、筑紫の郭務悰らに天智天皇の喪を知らせたとある。対馬国司の報告通り、郭務悰は筑紫にやってきていた。壬申の乱勃発の直前の話である。

さらに『日本書紀』は、同年五月、甲冑《かっちゅう》や弓矢、大量の絁《あしきぬ》（太い絹糸で織った布）や布、綿を郭務悰に賜ったといい、月末に郭務悰らは、離日したと記録する。

なぜ郭務悰は、半年も筑紫に留まったのだろう。しかも、単純な遣使ではない。大勢の兵士を率いている。

『日本古典文学全集3　日本書紀』（小学館）の頭注には、「近江朝にとっては無気味な存在であったろう」と言い、物を与えたのは、「郭一行に引き上げてもらうための代償であったか」と記すが、この指摘は、この瞬間の東アジア情勢を読み違えているように思えてならない。

第一、本当に大友皇子は、唐の軍勢に一秒でも早く、筑紫から去ってほしかったのだろうか。郭務悰が邪魔だったのは、むしろ大海人皇子の方だったのではあるまいか。

唐の郭務悰が去るのを待っていた大海人皇子

ここで、おさらいをしておこう。

白村江の敗戦によって、日本は滅亡の危機に瀕《ひん》していた。ところが、天智八年

(六六九)、新羅が唐に対し反旗を翻してくれたおかげで、天智天皇は命拾いをした。『日本書紀』によれば、このときも唐が郭務悰ら二千余人の使者を遣わしてきたと記し、通説は天智十年との重複記事とみなし無視するが、本当にそうだろうか。「二千」という人数は、誤りとしても、この年は、新羅が唐に反旗を翻していたのだから、唐はかつての仇敵《きゆうてき》を、今度は味方に引き込もうと、日本に接触を求めてきたと考えた方が、自然だ。

もし仮に、日本が新羅と手を組み、唐を朝鮮半島から締め出そうと動き出せば、唐は同盟相手を失うことになる。唐と新羅の連合軍の脅威に怯えていた日本だが、ここにいたり立場は逆転し、外交上有利な位置に立ったのである。

そして最大の問題は、郭務悰が二度目の来日後、半年たって離日したこと。そしてこの記事の直後、大海人皇子が「大友皇子が私を殺そうとしている」と大仰に嘆いてみせ、吉野から東国に向けて脱出劇を敢行したと続くことである。

このタイミング、郭務悰の長期滞在およびその後の離日と、ぴったりと合っていたことを見逃すことはできない。

すでに述べたように、『懐風藻《かいふうそう》』の中で唐の劉徳高《りゅうとくこう》は、大友皇子を高く評価していたという。その理由は簡単なことで、天智天皇→大友皇子と続くラインは、「親唐路線」を歩み始めたということだ。彼らは百済王・豊璋《ほうしょう》＝中臣鎌足《なかとみのかまたり》と手を組み、百済復興の野望を抱いていたのだろう。彼らにとって唐と新羅の反目は、大きなチャンスであった。唐に味方し、新羅を追いつめれば、百済復興の夢は叶う。

唐にすれば、「唐ではなく新羅につくべきだ」と唱え、カリスマ性を発揮し、多くの豪族と民の支持を受けていた大海人皇子の存在は、目障りで危険だった。大海人皇子が吉野から動かないことを祈り、郭務悰は威力偵察も辞さない覚悟で、筑紫に駐屯し、大海人皇子を牽制していたのではなかったか。その結果、大海人皇子は吉野に隠棲後半年間、まったく動きを見せなかった。郭務悰は安心し、去っていったのだろう。大海人皇子は、まさにこの一瞬に懸けていたのである。

大海人皇子と蘇我氏の接点

やはり、天智天皇と天武天皇は、親百済と親新羅に色分けできる。ならばなぜ、実の兄弟が、正反対の外交方針を打ち出したのだろう。そしてなぜ、これまでこの謎を解くことができなかったのだろう。

われわれは、常識にとらわれるあまり、大切な歴史のヒントを見過ごしてきたのではあるまいか。

すでに触れたように、乙巳《いっし》の変《へん》の蘇我入鹿《そがのいるか》暗殺事件で、中大兄皇子《なかのおおえのみこ》と中臣鎌足は、「ひとりでも多くの味方が必要だ」と述べているにもかかわらず、大海人皇子の名を一度も挙げなかった。それはなぜかといえば、大海人皇子が親蘇我派の皇族だったからではあるまいか。もし仮に、大海人皇子が中大兄皇子同様、「蘇我憎し」の思いで凝り固まっていたなら、中大兄皇子と中臣鎌足は、迷うことなく、彼に声をかけただろう。

大海人皇子が親蘇我派であっても、なんら不思議ではない。大海人皇子と蘇我氏を結びつける状況証拠は、いくつもある。

そもそも大海人皇子がこの世に生を享《う》けた時代は、蘇我全盛期であった。母親の皇極《こうぎょく》天皇の即位も、蘇我氏の後押しがなければ、あり得なかった。蘇我入鹿に滅ぼされた山背大兄王《やましろのおおえのみこ》の弟でさえ、「蘇我氏を頼りにしている」とおもねり、「山背大兄王を即位させてくれ」と、泣きついていたほどである。

蘇我入鹿暗殺現場で蘇我入鹿に「これはどういうことですか」と詰め寄られた皇極天皇は、慌てふためき「私は知らない」と叫び、息子の中大兄皇子に事態の説明を求めている。この様子から、皇極天皇と蘇我入鹿は男女の仲にあったのではないかという推理さえ飛び出したが、少なくとも、皇極天皇が蘇我氏と親しい間柄だったことは間違いなく、そうなると、皇極天皇の息子の大海人皇子も、蘇我氏と昵懇《じっこん》の間柄であった可能性は高まる。

事実、大海人皇子が吉野に籠もる直前、天智天皇の病床に呼び出されたとき、「言葉に用心されますように」と忠告したのは蘇賀安麻侶《そがのやすまろ》で、『日本書紀』は、大海人皇子と安麻侶は、かねてより親しい間柄にあったと記している。

壬申の乱の勃発後、近江朝の本隊は大海人皇子軍の主力部隊と対峙《たいじ》すべく、琵琶湖に沿って不破《ふわ》方面を目指した。総大将は山部王《やまべのおおきみ》で、蘇我果安《そがのはたやす》と巨勢比等《こせのひと》らが加わり、数万の兵という盤石《ばんじやく》な態勢であった。犬上川《いぬかみがわ》（滋賀県犬上郡と彦根《ひこね》市を流れ、琵琶湖に注ぐ）を挟み両軍が対峙し、いよいよ決戦というそのとき、あろうことか蘇我果安と巨勢比等は、山部王を殺害し、近江軍は敵前で空中分解してしまった。この敗戦が、近江朝には痛手となった。大海人皇子軍の主力部隊は、ここから近江朝の本拠地に向けて一気に進軍するのである。

蘇我果安のみならず、巨勢比等も蘇我系豪族で、彼らの裏切りによって、壬申の乱の勝敗は、ほぼ決したのだ。つまり、壬申の乱の大海人皇子の勝利の原因は、東国の軍団と、蘇我氏の荷担であった。大海人皇子は、やはり蘇我氏と強く結ばれていたのであり、当然、外交問題に関しても、天智天皇と天武天皇は、異なる立場にあったと考えるべきであろう。

天智と天武の奇妙な関係

けれどもここで、再び大きな疑念を抱かずにはいられない。蘇我氏は「古代史最大の悪人」とされてきたのに、蘇我氏を支持していた大海人皇子を、なぜ壬申の乱で人々は支持し、期待していたというのだろう。

それだけではない。天智天皇は即位すると、大海人皇子を皇太子に据えていた。ここまで述べてきたとおり、ふたりが異なる政策を掲げ、別々の支持層に囲まれていたのなら、なぜ大海人皇子は、皇太子になれたのだろう。

謎はこれだけではない。

天智八年（六六九）十月、中臣鎌足が亡くなり、天智政権にかげりが見え始める。そのいっぽうで、天智天皇は大友皇子を、政治の中心に据えようと画策する。天智十年（六七一）春正月、大友皇子を太政大臣《だいじようだいじん》に据えたのだ。ただし、次のような人事も同時に行われた。蘇我赤兄《そがのあかえ》を左大臣、中臣金《なかとみのかね》を右大臣、蘇我果安、巨勢人《こせのひと》（比等）、紀大人《きのうし》を御史大夫《ぎよしたいふ》（のちの大納言《だいなごん》）に任命したのである。

ここで注目されるのは、蘇我果安と巨勢人が、のちに山部王を裏切るふたりであること、左大臣と御史大夫の四つのポストを、蘇我系の豪族（先祖が武内宿禰《たけのうちのすくね》）が占めていたことである。なぜ天智天皇は、仇敵であった蘇我系豪族を、この段階で重用してしまったのだろう。

天武天皇の不自然な嫁取りという謎もある。

くどいようだが、天武天皇は天智天皇の弟だ。ところが、天武天皇は天智天皇の娘を、大勢キサキにしている。大田皇女《おおたのひめみこ》、鸕野讃良皇女《うののさららのひめみこ》（持統《じとう》天皇）、大江皇女《おおえのひめみこ》、新田部皇女《にいたべのひめみこ》で、大田皇女の子が大来皇女《おおくのひめみこ》と大津皇子《おおつのみこ》、鸕野讃良皇女の子が草壁皇子《くさかべのみこ》だ。

なぜ天武天皇は、天智天皇の娘を娶《めと》る必要があったのだろう。天智天皇だけではない。中臣鎌足の娘も、二人（氷上娘《ひかみのいらつめ》、五百重娘《いおえのいらつめ》）娶っている。天智天皇も、中臣鎌足も、大海人皇子の敵であった。なぜ政敵に、娘を送り込む必要があったのだろう。

近江朝の蘇我系重臣たちの謎と、天武天皇に嫁いだ天智天皇の娘たちという謎は、一本の線でつながってくる。鍵を握っていたのは、やはり蘇我氏である。

衰えていなかった蘇我氏

天武天皇の御子《みこ》の中で大津皇子と草壁皇子が有力な皇位継承候補だったのは、大田皇女と鸕野讃良皇女が、蘇我系の女人（遠智娘《おちのいらつめ》）を母にもったからだ。持統天皇も元明《げんめい》天皇も、母親は蘇我氏である。

蘇我氏は乙巳の変で衰弱したかのように思われているが、この時代、「蘇我ブランド」は、健在であった。こののち、長屋王《ながやのおおきみ》が藤原氏の陰謀によって無実の罪で一族滅亡の憂き目に遭うのは、長屋王と妃の吉備内親王《きびのひめみこ》が、蘇我氏と強く結ばれ、長屋王のみならず、吉備内親王とその子供たちが、有力な皇位継承候補だったからである。

われわれは、「蘇我」の力を見くびっていたのではあるまいか。「蘇我蝦夷《そがのえみし》・入鹿親子の滅亡と孝徳朝の蘇我倉山田石川麻呂《そがのくらやまだいしかわのまろ》の謀反《むほん》事件で、蘇我氏は衰弱した」と、思い込んでいたのだ。もちろんそれは、『日本書紀』の記事に惑わされていたからである。

しかし、常識にとらわれず『日本書紀』を丁寧に読み直してみれば、あの天智天皇ですら、最後は蘇我氏の力に頼らなければ、政局運営もままならなかったのである。

天智天皇が娘たちを大海人皇子に嫁がせていたのも、大海人皇子の背後に蘇我氏の影がつきまとっていたからではないかと思いいたる。蘇我氏の助けを借りなければ、王家が成り立たない状態は続いていて、だからこそ天智天皇は大海人皇子を懐柔し、皇太子に立て、大海人皇子の取り巻きとしての蘇我系豪族を重用したのではなかったか。そして、だからこそ、壬申の乱が勃発すると、蘇我系豪族たちは、大友皇子を裏切り、大海人皇子の勝利に貢献したということだろう。天武天皇亡き後に即位した持統天皇や元明天皇の母親が蘇我氏だったことも、大きな意味をもっていたはずなのである。

蘇我ブランドの威力

蘇我ブランドの威力は、その後も健在だった。その様子がわかるのが、平城京遷都の三年後に起きた石川刀子娘《いしかわのとねのいらつめ》貶黜事件《へんちゅつじけん》だ。藤原不比等《ふじわらのふひと》が主導権を握り、権力の頂点に君臨しようとしていた時代である。

『続日本紀《しょくにほんぎ》』和銅六年（七一三）十一月五日の条には、次の記事が載る。

「石川《いしかは》・紀《き》の二嬪の号を貶《おと》し、嬪《ひん》と称《な》ること得《え》ざらしむ」

短い記事だが、重大な問題が隠されている。

ここにいう「石川の嬪」とは、今は亡き文武天皇のキサキの石川刀子娘で、「紀の嬪」は、同じく紀竈門娘《きのかまどのいらつめ》を指している。ちなみに、「石川」は、「蘇我」ののちの名であり、「紀」は、蘇我氏の始祖である武内宿禰の末裔の紀氏出身で、やはり、どちらも蘇我系のキサキということになる。そして、ふたりのキサキは、この先「嬪」と名乗ることができない、という。「嬪」とは、キサキの中の地位を表している。

藤原氏は「蘇我ブランド」に勝てなかった

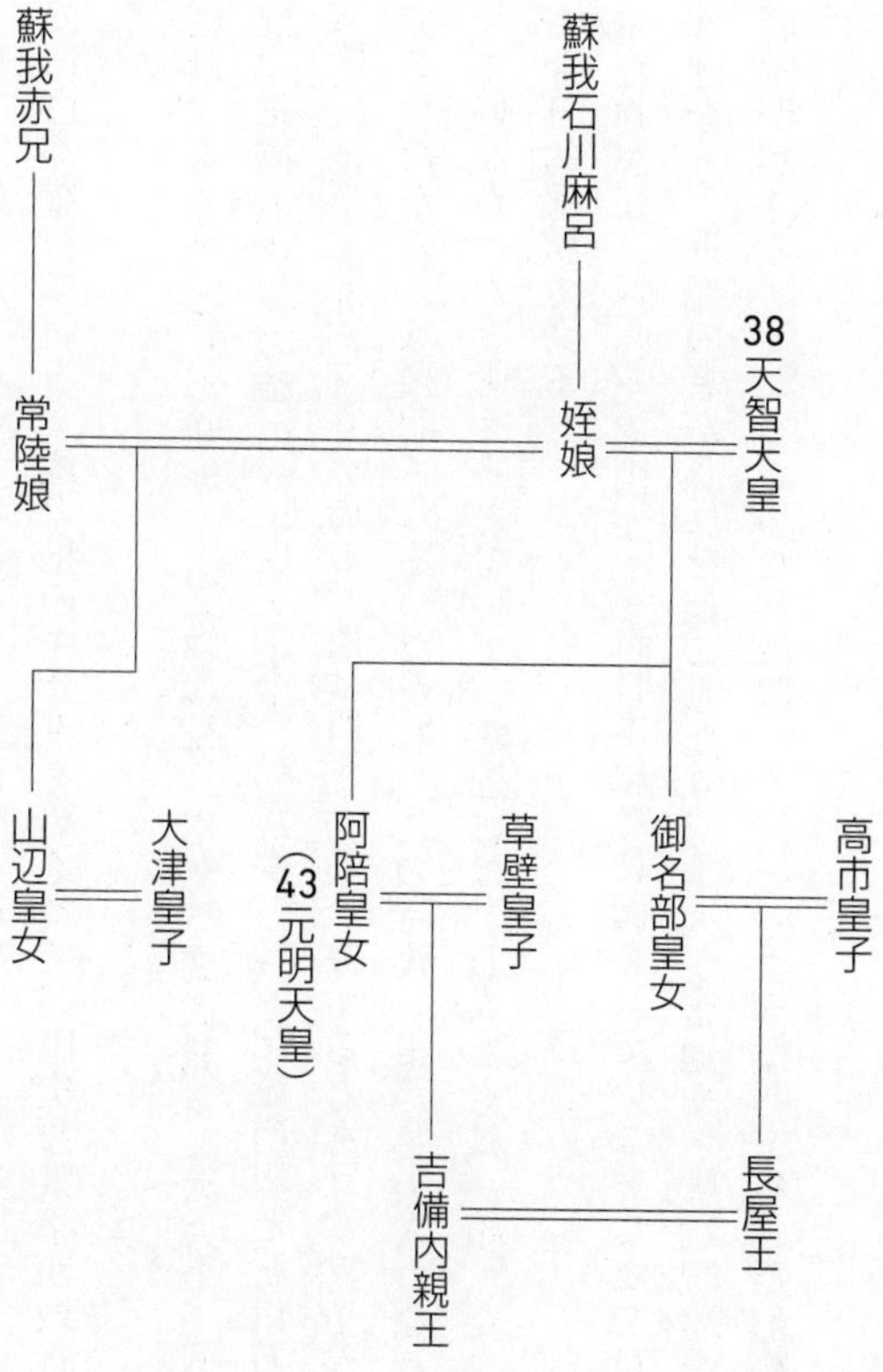

ふたりは官位を下げられ、斥《しりぞ》けられたのだ。これを「貶黜」という。なぜ、すでに亡くなっている文武天皇のキサキをめぐって、唐突な人事が敢行されたのだろう。

文武天皇には、もうひとりキサキがいた。『続日本紀』文武元年（六九七）八月二十日条には、藤原不比等の娘の宮子《みやこ》を「夫人《ぶにん》（三位）」に、紀竈門娘と石川刀子娘を「妃（実際には嬪の誤りとされている。嬪は四～五位）」にするとあり、宮子が筆頭のキサキであったかのように記される。ただし、この時代、まだ「夫人」などの規定は定まっていなかったと考えられていて、実際には、三人ともに「嬪」だったというのが、今日的解釈である。

問題は、ふたりが斥けられた理由が、『続日本紀』に記されていないことではなかろうか。普通なら、近親の者が謀反を起こしたり、本人が密通や、厭魅呪詛《えんみじゅそ》をした場合に、貶黜が起きる。ところがふたりに限って、そのような罪を犯した形跡がない。

三人のキサキの中で、宮子だけが生き残ったところに、ヒントが隠されていよう。宮子が産み落とした子は首皇子《おびとのみこ》で、のちの聖武天皇である。

石川刀子娘貶黜事件を仕掛けた藤原氏

くり返すが、宮子は藤原不比等の娘で、聖武天皇の皇后となる光明子《こうみようし》も藤原不比等の娘だから、聖武天皇は「藤原の子」であり、藤原氏がはじめて生んだ「藤原の天皇」であった。聖武天皇が即位したことによって、藤原氏は「天皇家の外戚」になることができたのである。

歴史の教科書を読む限り、聖武天皇は何の障害もなく皇太子となり、即位したかのように思える。ところが、石川刀子娘は男子を生んでいて、しかもその事実を、『続日本紀』が隠していたようなのだ。

『新撰姓氏録《しんせんしようじろく》』右京皇別下に、「高円朝臣《たかまどのあそん》」なる一族が登場し、「高円朝臣広世《ひろよ》から出る」とあって、もともとは「石川朝臣」を名乗っていたという。母方が「石川」だったというのだ。「皇別」ということは、父親が皇族で、母親が「石川＝蘇我」ということになる。ただし、「～天皇の末裔」と記されているわけではない。

いっぽう『続日本紀』天平宝字《てんぴょうほうじ》四年（七六〇）二月十一日条には、石川朝臣広《ひろ》成《なり》が高円朝臣の姓を下賜されたとある。『新撰姓氏録』に登場する「石川広世」とこの「石川広成」はよく似ており、兄弟ではないかと推理され、しかも皇籍を離れた者で母が石川という条件を当てはめれば、このふたりこそ、石川刀子娘の子供だった可能性が高いのである。

つまり、石川刀子娘にはふたりの「皇子」がいて、しかも彼らは「蘇我系の最有力皇位継承候補」であったということになる。そしてだからこそ、藤原不比等は、首皇子の立太子を実現するために、貶黜事件を起こしたのだろう。石川刀子娘を無理やり排除することによって、同時に蘇我系の有力皇子を「もはや皇族ではない」と、斥けたのである。このしばらくして、首皇子は立太子をすます。事件から七ヶ月後の和銅七年（七一四）六月のことだった。

逆にいえば、陰謀を仕掛けてまで排斥しなければ、皇位は「石川（蘇我）の子」にさらわれていたわけで、この時点でもなお、藤原氏は「蘇我ブランド」に勝てなかったことを証明している。

なぜわれわれは「蘇我＝悪」と信じてきたのか

もし仮に、『日本書紀』のいうとおり、七世紀前半の蘇我氏が専横を極め、王位を横取りしようとしていたのなら、そして、『日本書紀』のいうとおり、蘇我氏が多くの人に恐れられ、憎まれていたのなら、八世紀前半にいたってもなお、彼らは権威を保つことができただろうか。そうではなく、蘇我氏は尊敬され、頼りにされていたからこそ、蘇我本宗家が滅び、蘇我倉山田石川麻呂が倒れても、「蘇我は高貴な存在」という幻想となって、生きながらえたのではなかったか。

蘇我氏のブランド力は、石川刀子娘貶黜事件によって、ようやく輝きを失った。新たな権力者・藤原氏が、蘇我氏を没落させ、天皇の権威を笠に着て、周囲を圧倒し始めたのだ。そして、それから数年後、『日本書紀』は編纂《へんさん》され、中大兄皇子と中臣鎌足は英雄となり、蘇我氏に「古代史最大の悪」というレッテルが貼られたのである。もし仮に、石川刀子娘の御子たちが、順調に即位していれば、「大悪人蘇我氏」を標榜する『日本書紀』は、編纂されなかっただろう。

ことここにいたり、改めて、「蘇我＝悪」というこれまでの常識を、疑う必要が出てきたのである。

なぜわれわれは、「蘇我氏は古代史最大の悪」と信じてやまなかったのだろう。それは、『日本書紀』が記録し、史学界もこの証言を認めていたからにほかならない。つまり、学校で習った歴史は、まさに『日本書紀』の言い分をほぼ踏襲していたのだ。しかし、くり返すが、『日本書紀』は歴史の勝者の一方的な主張であり、具体的には、八世紀前半に権力者の地位を固めていた藤原氏にとって都合の良い文書であった。『日本書紀』編纂時の権力者・藤原不比等の父が、中臣鎌足であったこと、この人物こそ、蘇我入鹿暗殺の主犯だったことに、なぜこれまで注意が払われなかったのだろう。

後述するように蘇我氏こそ改革派で、中大兄皇子や中臣鎌足こそ、反動勢力だったと、筆者は考える。

蘇我入鹿が祟って出た？

蘇我氏は大悪人というのが、これまでの常識だった。しかし、『日本書紀』の描いた単純な勧善懲悪《かんぜんちょうあく》の図式こそ怪しい。

蘇我入鹿は罪なくして殺されたのではないかと疑い始めたきっかけは、『日本書紀』斉明《さいめい》元年（六五五）五月の条に残された、次の記事があったからだ。そこには、次のようにある。

大空に竜に乗った男が現れた。姿形は唐人《もろこしびと》に似ていて、青い油の笠を着て、葛《かつ》城山《らぎさん》から馳せて生駒山《いこまやま》に隠れた。午の時になり、住吉《すみよし》の松嶺《まつのみね》（大阪市住吉区）から、西に向かって飛んでいった。

古来、笠をかぶって身を隠す者は、鬼とみなされた。事実、このの斉明天皇の身辺に、無気味な鬼がつきまとう。しかものちにわかるように、この鬼は、「祟る蘇我」であった。

斉明七年（六六一）五月、百済救援に向かった斉明天皇が、朝倉橘広庭宮《あさくらのたちばなのひろにわのみや》に滞在したときのこと、宮を建てるために朝倉社（麻氏良布神社《まてらふじんじゃ》）の木を伐採したことで神が怒り、雷を落とした。そして宮中に、鬼火《おにび》（人魂《ひとだま》）が現れた。このため、近侍した者たちが病で亡くなってしまった。その二ヶ月後、斉明天皇も息を引き取った。葬儀の日、朝倉山の上に鬼がいて、大笠を着て喪の様子を見守っていた。人々は皆怪しんだ、というのである。

斉明天皇にまとわりつく鬼の正体を、『日本書紀』は明記しない。しかし、平安末期の歴史書『扶桑略記《ふそうりやっき》』にはそっくりな記事が載り、鬼を指して「豊浦大臣《とゆらのおおおみ》」と呼んでいる。これは、蘇我蝦夷か入鹿のどちらかを意味するが、斉明天皇は蘇我入鹿の断末魔の声を聞いているから、入鹿がふさわしい。

問題は、蘇我入鹿が鬼となったという話を、当時の人間が信じていたことだ。そして『日本書紀』は鬼の正体を明かさなかった。ここにも、大きなヒントが隠され

蘇我入鹿の首塚(奈良県高市郡明日香村)

ている。というのも、怨めしげな鬼は、祟りをもたらす恐ろしい存在と、誰もが知っていただろうからである。そして、「蘇我入鹿は祟って出た」という認識が、すでに八世紀前半から人々の間に共有されていたことこそ、大問題である。なぜなら、祟りは祟られる側にやましい心があるから成立するのであって、祟る者は、罪なくして殺された可能性が高いのである。

天智八年(六六九)是秋《このあき》の条《じょう》には、蘇我入鹿暗殺の主犯・中臣鎌足の館に落雷があったと記録される。その直後に中臣鎌足は死んだ。正史がささいな落雷事件を取りあげているのは、「中臣鎌足は蘇我入鹿の鬼に殺されたのだ」と、噂され、大いに喧伝《けんでん》されていたからではあるまいか。雷神《らいじん》は、祟る神の象徴的存在であり、「鬼にまとわりつかれて斉明天皇が亡くなる↓中臣鎌足宅の落雷↓中臣鎌足の死」は、一連の事件で、中臣鎌足を襲った雷神と斉明天皇につきまとった笠をかぶった鬼は、同一と信じられていたのだろう。

平安時代に祟った人物といえば、菅原道真《すがわらのみちざね》が有名だが、この人物も、改革事業を手がけ、あと一歩のところまできたところで藤原氏に潰され、大宰府《だざいふ》に左遷させられたのだった。菅原道真は憤死するが、藤原氏は道真の手柄を横取りしてしまう。その後、都で菅原道真追い落としに荷担した者たちが、次々と非業の死をとげるにいたり、「すわ、菅原道真の祟りか」と、恐れおののき、太宰府天満宮《だざいふてんまんぐう》と北野天満宮が創祀《そうし》されたのだった。蘇我入鹿の場合も、菅原道真とよく似ているように思えてならない。

蘇我氏の働いた悪事

『古事記』の謎を追うために、蘇我氏に深入りしているのは、『古事記』と壬申の乱の間に、強い因果関係が存在したであろうこと、壬申の乱を主導した大海人皇子（天武天皇）が、つねに蘇我氏の力を借りていた可能性が高いからだ。『日本書紀』によって大悪人のレッテルを貼られた蘇我氏の正体がはっきりとしないと、この時代の歴史を再現することは不可能で、ひいては、『古事記』の謎を解き明かすこともできないと考えるからである。

『日本書紀』は蘇我蝦夷と入鹿の親子（蘇我本宗家）が専横を極めたと糾弾する。では、蘇我本宗家は、どのような悪事を働いてきたというのだろう。

皇極元年（六四二）是歳《このとし》の条《じょう》には、蘇我蝦夷が祖廟《そびょう》を葛城の高宮《たかみや》（奈良県御所《ごせ》市森脇《もりわき》）に造り、八佾《やつら》の舞《まい》を行ったとある。八佾の舞は、中国では皇帝のみに許された方形群舞である。またこの時、蘇我蝦夷は、上宮王家《じょうぐうおうけ》（聖徳太子の末裔たち）の乳部《みぶ》の民《たみ》（養育料として与えられた人たち）を勝手に使役したといい、聖徳太子の娘も恨んだと記録する。

皇極二年（六四三）十月、蘇我蝦夷は病のため出仕することができなかった。そこで勝手に、蘇我入鹿に紫冠《しかん》を授けて、大臣の位になぞらえてしまった。天皇に与えられた人事権を、勝手に行使してしまったのだ。増長した蘇我入鹿は、十一月、兵を差し向け、斑鳩《いかるが》の山背大兄王（聖徳太子の子）を急襲した。山背大兄王は一度は生駒山に逃れ、「挙兵すれば勝てます」という進言に対し、「私ひとりのために皆に迷惑は掛けられない」と言い、斑鳩に舞い戻り、一族滅亡の道を選んだのだった。

このような有り様だったから、王家の行く末を憂えた中臣鎌足は、中大兄皇子と手を組み、皇極四年（六四五）六月、三韓《さんかん》（朝鮮半島の三つの国。高句麗《こうくり》、百済、新羅）が調《みつぎ》をたてまつる日、飛鳥板蓋宮大極殿《あすかのいたぶきのみやだいごくでん》で、蘇我入鹿を襲ったのだ。

斬りつけられた蘇我入鹿は、皇極天皇ににじり寄り、

「まさに、皇位にあらせられるべきは天子様です。私に何の罪があるというのでしょう」

と尋ねると、皇極天皇は中大兄皇子に説明を求めた。すると中大兄皇子は、次のように弁明する。

「蘇我入鹿は王族を滅ぼし、天位を狙っているのです。蘇我入鹿に王位を奪われてなるものでしょうか」

これを聞いた皇極天皇は、黙って現場を立ち去り、蘇我入鹿は殺された。これが、蘇我本宗家の専横と、乙巳の変の顚末《てんまつ》である。

鏡で映した聖者と鬼

蘇我入鹿暗殺現場の中大兄皇子の言い分に耳を傾ければ、蘇我入鹿の最大の罪は、聖徳太子の子・山背大兄王らを滅亡に追い込んだことだった。しかし、この事件が本当に起きたことなのかどうか、じつに心許《こころもと》ない。

まず、事件の設定に現実味がない。斑鳩宮《いかるがのみや》を囲まれた山背大兄王は、馬の骨を床に転がして逃げ、焼け跡に骨を見つけた軍勢は、「山背大兄王は亡くなられた」

と勘違いしたという。人間の骨と馬の骨を勘違いするほど、古代人は間抜けだっただろうか。

第二に、本来なら別々に暮らしていたであろう聖徳太子の末裔が、まるで「殺してください」というように、集住していたという話は、現実味がない。百歩譲って、たまたま集まっているところを襲われたとして、ひとりやふたりは、逃げることができるはずだ。一度生駒山に逃れたあと、再び雁首揃えて斑鳩に戻ってきて、自害して果てるという話も、不可解だ。

また、ひとりぐらい「聖徳太子の末裔」や「聖徳太子の落《お》とし胤《だね》」と偽って登場する輩《やから》がいてもおかしくないのに、名乗り出る者はいなかった。これも信じがたいことだ。山背大兄王一族の悲劇は、斑鳩で起きていたと『日本書紀』はいうが、悲劇を目撃した法隆寺《ほうりゅうじ》が、平安時代にいたるまで、山背大兄王らを積極的に祀《まつ》った気配はなく、また、一族を葬った陵墓が、ひとつも見つかっていないというのは、解せない。聖徳太子の一族は、霧散してしまったのである。

ひょっとして、聖徳太子そのものが『日本書紀』編者の仕立て上げた架空の存在で、実在しなかったからこそ、斑鳩で一族が蒸発するように滅亡してしまったのではなかろうか。つまり、蘇我氏を大悪人に仕立て上げるための虚像が、聖徳太子ではなかったか。蘇我氏の改革事業をすべていったん聖徳太子という蘇我系皇族の手柄にしておいて、その上で存在するわけもない聖徳太子の末裔を、蘇我入鹿に抹殺させた……。反動勢力、大悪人となった蘇我入鹿を、今度は藤原不比等の父・中臣鎌足が成敗する形にした……。こうして、古代に輝いた改革派の英雄たち＝蘇我氏は、大悪人に変身させられてしまったのではあるまいか。

聖徳太子と蘇我入鹿は、鏡で映した聖者と鬼であろう。つまり、聖徳太子が聖者であればあるほど、聖徳太子の末裔を滅ぼした蘇我入鹿は、大悪人に化けるという巧妙なカラクリである。

本当は改革派なのに、蘇我氏は手柄を中大兄皇子と中臣鎌足らに横取りされ、その挙げ句、大悪人のレッテルを貼られてしまった、ということになる。

変わりつつある蘇我氏に対する評価

通説の蘇我氏に対する評価は、次第に変わりつつある。

たとえば六世紀、中央集権国家造りの基礎固めに、屯倉《みやけ》（天皇の直轄地）を増やすという動きがあったが、最大の協力者は蘇我氏だった。蘇我氏は天皇家に女人を送り込み、外戚となることで権力を握ったのだから、蘇我氏が天皇家を蔑ろにし、天位を奪おうとしたとは考えられない、とする指摘も提出されている。

蘇我氏が改革を主導していたことは、『日本書紀』の記事からも読み取ることができる。もっともわかりやすい例は、難波長柄豊碕宮《なにわのながらのとよさきのみや》（大阪市中央区）である。

乙巳の変の蘇我本宗家滅亡が皇極四年（六四五）六月。皇極天皇は退位し、弟の孝徳天皇が即位する。そして同年（大化元年）十二月、天皇は、まだ完成していない難波長柄豊碕宮に遷った。このとき、老人たちは次のように語り合ったという。

「そういえば、春から夏にかけて、ネズミが難波に向かっていたのは、遷都の兆しだったのだ」

問題はふたつある。

まず第一に、近年の発掘調査によって、孝徳天皇が造営を急いだ難波長柄豊碕宮（前期難波宮）が、藤原宮《ふじわらきゅう》や平城宮《へいじょうきゅう》と遜色ない規模と規格性を備えていたことがわかってきた。律令制度の基礎となる宮が、すでに孝徳天皇の手で造営されていたのだ。宮あとから発掘された木簡から、難波の地で律令制度の端緒が開かれていたこともわかってきた。大化改新によって律令制度が整備されたのかどうか疑問視されてきたが、少なくとも、初めの一歩が踏み出されていたことは、確実になったのである。

そこで、第二の問題に移る。

老人たちが語る「春から夏」は、乙巳の変の前に当たる。蘇我入鹿存命中にネズミが難波に移動していたという話、すなわち、難波長柄豊碕宮造営計画は、蘇我入鹿が「専横を極めていた時代」に策定されていたことを、この記事は暗示しているのである。

中大兄皇子は孝徳朝で活躍していない

蘇我本宗家が滅亡し、皇極天皇が中大兄皇子に譲位を持ちかけると、中大兄皇子は退出して、中臣鎌足に相談した。すると中臣鎌足は、次のように諫《いさ》めた。「古人大兄皇子《ふるひとのおおえのみこ》は殿下（中大兄皇子）の兄君で、軽皇子《かるのみこ》は殿下の叔父君です。それなのに、殿下が即位されてしまっては、人の弟として、道に背きます。しばらく叔父君を立て、民の願いに応えた方がよいでしょう」

中大兄皇子は納得し、内密に奏上された。そこで皇極天皇は皇位を軽皇子に譲った。これが孝徳天皇である。

しかしこの話、にわかには信じがたい。

クーデターを成功させた功労者である中大兄皇子が、なぜ、即位しなかったのだろう。皇太子の地位を獲得することで実権を握ったのだろうというのが、一般的な解釈だ。しかし、中大兄皇子は、思いのほか孝徳朝で影が薄い。活躍らしい活躍が記録されていないのだ。

すでに触れたように、皇極天皇は親蘇我派の皇族であった可能性が高い。蘇我本宗家を頼りにしていたと見た方が自然である。問題は、孝徳天皇はどうか、ということで、この人物も姉同様に親蘇我派であり、だから皇極天皇は、息子の凶行に驚き、失意の中、同じ親蘇我派の孝徳天皇に後事を委ねる決心をしたのだろう。

そして孝徳天皇は、蘇我入鹿存命中に立ち上がっていた難波遷都計画を継承し、だからこそ、老人たちの「暗示的表現」が、『日本書紀』編者によって残されたに違いないのである。

ところで遠山美都男《とおやまみつお》は、乙巳の変の本当の首謀者は孝徳天皇だったとする推理を働かせている（『大化改新』中公新書）。孝徳天皇の目的は律令整備などではなく、蘇我氏が即位を願っていた古人大兄皇子を排除した上で、史上初となる「譲位」を目論んだのだというのだ。皇極天皇から軽皇子（孝徳天皇）への禅譲である。

譲位を企画・構想できたということは、大王に集中された貢納《こうのう》・奉仕の諸関係を、大王生存中に大王から引きはなし、それを他者に移譲することが可能になったということである。それは、貢納・奉仕の諸関係の集合体である伴造・部民制の内部構成の変化、制度的改編がすでに進行しつつあったか、あるいは、かかる改編の必要が政治日程に上りつつあったことをその前提として想定せざるをえない。（前掲書）

譲位を行えるようになって、王権が本質的に変化し、部民制・屯倉制から律令への過渡期として、孝徳天皇のクーデターを見つめ直す必要がある、というのである。

史学界には、制度史を中心に古代史の謎を解き明かそうとする悪い癖がある。世の中は、制度を変えるために動いてきたわけではないし、何もかも制度設計の計算どおり動いてきたわけではない。人の「心」「妬み」「愛」「欲」あらゆる要素を組み込まなければ、真の歴史は読み解けない。

のちに触れるように、蘇我入鹿暗殺には、制度改革のための正義や大義名分ではなく、愛憎と権力欲といった、悲しい人間の性《さが》が背後に横たわっていたと思われる。制度史だけが歴史ではないのである。

仏教に帰依していた孝徳天皇

『扶桑略記』によれば、蘇我入鹿が斑鳩の山背大兄王に兵を差し向け、滅亡に追い込んだ時、若き日の孝徳天皇＝軽皇子は、入鹿の軍勢に加わっていたと記録する。即位した孝徳天皇は、難波長柄豊碕宮の造営を急ぎ、この遷都は、すでに蘇我入鹿存命中に計画が進んでいたと考えられるのだから、孝徳天皇は親蘇我派であろう。

さらに、孝徳天皇の体を流れる蘇我の血はきわめて薄いが、御陵はなぜか蘇我系皇族が眠る磯長谷《しながだに》（大阪府南河内《みなみかわち》郡太子町《たいしちょう》・河南町《かなんちょう》・羽曳野《はびきの》市）にある。聖徳太子や用明《ようめい》天皇、推古《すいこ》天皇らの陵墓の近くに葬られているのだ。

孝徳即位前紀の冒頭に、孝徳天皇が皇極天皇の同母弟だとあり、続けて次のように述べる。

「仏法《ぶつほふ》を尊《たふと》び、神道《かみのみち》を軽《あなづ》りたまふ」

つまり、神道を侮り、仏教に帰依した、というのである。

神道をとるか、仏教をとるか、六世紀後半の物部氏《もののべ》と蘇我氏の排仏派、崇仏派の争いが激化したころ、第三十代敏達《びだつ》天皇と第三十一代用明天皇の即位前紀の中で、「この天皇は排仏派、この天皇は崇仏派」と、明記している。

たとえば敏達天皇は、「仏法《ぶつほふ》を信《う》けたまはずして、文史《ぶんし》を愛《この》みたまふ」とある。「文史」とは、文学と歴史の意味だ。用明天皇は、「仏法《ぶつほふ》を信《う》けたまひ神道《かみのみち》を尊《たふと》びたまふ」と、仏教に帰依し、また一方で神道を尊重された、とある。ちなみに、排仏派の物部守屋《もののべのもりや》が滅亡したのは、用明天皇崩御《ほうぎょ》の直後のことで、その直前まで、排仏派と崇仏派が、競っていたことは、たしかなのである。

このように、即位前紀に「神道をとるか、仏教をとるか」について記されたのは三人の天皇で、順番に、「仏法を信じない→仏法も神道も尊重する→仏法を尊び神道を軽視した」と、移ろっていること、三人の即位前紀が、仏教の興隆の歴史とほぼ合致し、正確な記録だったことがわかる。

改めて述べるまでもなく、日本に仏教を導入しようと躍起になっていたのは蘇我氏であり、孝徳天皇が仏教に帰依し、神道を軽んじたという『日本書紀』の記事を見逃すことはできない。記事の順番から考えて、孝徳天皇が蘇我氏の遺志を継承し、仏教興隆の総仕上げを行ったかのような印象を受ける。そして孝徳天皇は、仏教のみならず、改革事業をも、継承していたのではあるまいか。

反動勢力だった中大兄皇子と中臣鎌足

改新政府は、中大兄皇子と中臣鎌足ら「実力者」が中心になって運営されたとかつては考えられていた。しかし、孝徳天皇は親蘇我派で、改新政府は親蘇我政権とみなしたほうが矛盾はなくなる。事実、「これまでの考えはおかしい」と問題提起する学者も現れた。それが、門脇禎二《かどわきていじ》である。

門脇禎二は、中大兄皇子と中臣鎌足は南淵請安《みなぶちのしょうあん》に師事したが、孝徳天皇が重用したブレーンは、旻法師《みんほうし》で、蘇我入鹿もこの人物に師事していたという。孝徳朝の人事も意味深長で、山背大兄王襲撃事件に参加していた人々を抜擢していることに注目した。そして、白雉《はくち》年間（六五〇〜六五五）の治政は、蘇我入鹿全盛期によく似ていると言い、次のように述べる。

軽王子・蘇我鞍作《くらつくり》（入鹿）らが実権をふるいはじめた前大后宝王女（皇極女帝）の治政下に現われはじめた政治路線と、大王軽王子（孝徳天皇）治下の政治路線との間には、基本的な断絶や転換は認め難い。（中略）要するに、「改新」後の政治路線とそれをおし進めた人びとは、蘇我本宗家の滅亡にもかかわらず「改新」前のそれらの展開線上に認められるものである。（『「大化改新」史論　下巻』思文閣出版）

卓見といわざるを得ない。それにもかかわらず、門脇禎二の主張が、高い評価を得ていないことは、不思議としかいいようがない。

それはなぜかといえば、史学者が、「蘇我＝悪」という固定観念に縛られているからなのだろう。

孝徳天皇が律令整備に積極的で、しかもこの人物が、蘇我氏の事業を継承していたとなれば、これまでの常識は、根本から覆される。だからこそ、史学者たちは、門脇禎二の指摘を、見て見ぬふりをしているのではあるまいか。

そして浮かびあがってくる問題は、これまで古代史の英雄と信じられてきた中大兄皇子と中臣鎌足が、実際には反動勢力だったという事実である。

中大兄皇子が実権を握った天智三年（六六四）には、大化改新で禁止されたはずの民部《かきべ》、家部《やかべ》（私有民）を復活させるなど、時代に逆行する政策をとっている。もちろん、白村江の敗戦によって、諸豪族の不満が強まり、やむを得ない処置だったかもしれないが、そもそも中大兄皇子には、改革事業への意欲が乏しかったのではなかったか。

蘇我氏が改革派ということになれば、これまでの七世紀の歴史解釈は、根本から考え直さなければならなくなる。何しろこれまでは、『日本書紀』のいうとおり、蘇我氏が改革を邪魔立てし、中大兄皇子と中臣鎌足が蘇我氏を滅ぼすことによって、ようやく新しい政治が動き出したと、信じていたからだ。そして、壬申の乱も、「蘇我＝悪」「蘇我＝守旧派」という大前提を根拠に、なぜ勃発したのか、その原因を探ってきたのだ。しかし、蘇我氏が改革派で、中大兄皇子や中臣鎌足が反動勢力とすれば、その後の歴史も、大きく描き換えなければなるまい。

蘇我入鹿暗殺の背後に隠されていた外交問題

乙巳の変＝蘇我入鹿暗殺は、改革のためのクーデターではない。反動勢力の巻き返しであった。けれどもそうなると、いったい中大兄皇子と中臣鎌足は、何を目的に命を張って蘇我入鹿暗殺を決行したのか、という謎に行き着く。

そこで『日本書紀』を読み直してみると、外交問題が背景に隠されていた可能性が出てくる。

乙巳の変の蘇我入鹿暗殺の直後、自宅に駆け戻った蘇我系皇族の古人大兄皇子は、次のように叫んでいる。

「韓人《からひと》、鞍作臣《くらつくりのおみ》を殺《ころ》しつ」

蘇我入鹿が韓人に殺された。胸が張り裂けそうだ、というのだ。ここにある「韓人」とは、朝鮮半島出身の誰かということになりそうだが、『日本書紀』を読む限り、事件現場にそれらしき者はいない。そこで『日本書紀』には、分注が副《そ》えられていて、「韓政《からひとのまつりごと》に因《よ》りて誅《つみ》せらるるを謂《い》ふ」とある。これは三韓の調をたてまつる日を利用して、蘇我入鹿暗殺が決行されたと解釈されているが、「韓人」といい、「韓政」といい、事件の背後に隠された、国際的陰謀を感じずにはいられない。

事実、権力を握ってからあと中大兄皇子と中臣鎌足は、内政を軽視し、海外遠征に猪突する。その間の経緯は、以下の通り。

蘇我氏の遺志を継承した孝徳天皇であったが、度重なる要人の死によって、改革は頓挫する。中大兄皇子はここで、孝徳天皇に、「都を元に戻しましょう」と進言し拒否されると、孝徳天皇を残して、皆で飛鳥にもどってしまう。急進的な改革路線に不満をもつ輩を集めて孝徳天皇を追いつめたのだろう。そして実権を握った中大兄皇子が敢行したのは改革事業ではなく、誰もが反発した百済救援という暴挙であった。

つまり、中大兄皇子と中臣鎌足は、ただ「百済を救援すべきだ」という考えだけで蘇我入鹿を殺し、改革事業に専念する孝徳天皇をあざ笑ったということになる。

そうなると、乙巳の変は、百済をめぐる外交問題が引き金になっていたこと、だから古人大兄皇子の口から「韓人」という言葉が飛び出し、真相を悟られまいと、『日本書紀』は「それは韓政（三韓の調の日）のこと」という言い訳を用意したということだろう。

このように、乙巳の変の蘇我入鹿暗殺が、これまで信じられてきたような「世直しのための正義」ではなかったことがわかってくると、大海人皇子の行動の多くは、スムーズに説明可能となる。

以下、大海人皇子の正体について、考えてみたい。

蘇我倉山田石川麻呂は蘇我入鹿を裏切っていない

くどいようだが、大海人皇子は蘇我入鹿暗殺に荷担していない。中大兄皇子と中臣鎌足は、「ひとりでも多くの味方を」と考えたが、なぜか大海人皇子の名は挙がらなかったのである。

これまで、この事態は謎とされてこなかったが、弟を信頼せずに、蘇我入鹿の従兄弟《いとこ》・蘇我倉山田石川麻呂に声を掛けたという話も、不審きわまりない。盗賊も恐れたという蘇我氏の権勢であるならば、暗殺計画の露見は、それだけで、計画の頓挫と自らの死を意味する。

筆者は、蘇我倉山田石川麻呂が蘇我本宗家を裏切り、中大兄皇子と中臣鎌足に荷担したという話も、『日本書紀』の創作と見る。何しろ、中大兄皇子らの蘇我倉山田石川麻呂取り込み計画は、杜撰《ずさん》で、現実味がなかったからだ。その手順は、つぎのようなものである。

①蘇我倉山田石川麻呂の娘を中大兄皇子が娶る。②その後、暗殺計画を蘇我倉山田石川麻呂に伝え、味方に引き入れる、というものだった。その上で、蘇我倉山田石川麻呂に与えられた任務は、③暗殺現場で蘇我入鹿を油断させるために、蘇我倉山田石川麻呂が三韓の上表文を読みあげる……。

事件現場の蘇我倉山田石川麻呂など、いてもいなくてもよい、どうでもよい役目ではないか。蘇我氏に計画が露見するリスクとは、まったく見合っていない。挙げ句の果てに事件現場の蘇我倉山田石川麻呂は、なかなか暗殺が実行されないことに焦り、わなわなと震え、かえって蘇我入鹿に怪しまれるという失態をやらかしている（もちろん、史実とは思えないのだが）。

蘇我倉山田石川麻呂をめぐる『日本書紀』の説明は、「孝徳朝は中大兄皇子の政権」という嘘を構築するための、『日本書紀』の苦し紛れの弁明だ。「嘘を誤魔化すためについた、もうひとつの嘘」にすぎない。乙巳の変と大化改新をめぐる『日本書紀』の記述は、嘘を嘘で塗り固めていたのである。

そこで気になるのは、中大兄皇子（天智天皇）と大海人皇子（天武天皇）の関係だ。なぜふたりは仲が悪かったのだろう。

もし蘇我氏が大海人皇子を支持していたとしたら

大海人皇子の母・皇極天皇と叔父の孝徳天皇は、親蘇我派で、改革派の皇族であった。そうであるならば、大海人皇子が親蘇我派であった可能性は高くなるばかりだ。この環境の中で、中臣鎌足のそそのかしに乗って「反蘇我派」になった中大兄皇子の方が、むしろ異常なのである。

中大兄皇子は、いったい何を考えていたのだろう。

『日本書紀』を読む限り、中大兄皇子がこの時代の有力皇位継承候補だったことになる。しかし、実際はどうだったのだろう。乙巳の変で蘇我入鹿暗殺を実行した中大兄皇子は、その直後即位することができず、さらに孝徳天皇を蹴落としたのちも、即位することはなかった。通説は、「実際の政治を動かすには、即位しない方が自由が利いたから」と考えるが、天武天皇は即位したあと、前代未聞の独裁体制を敷いている。

本当に中大兄皇子は、「誰からも期待された、プリンス」だったのだろうか。もし蘇我氏が「中大兄皇子よりも大海人皇子を支持する」と表明していたと仮定したら、まったく違った景色が見えてくる。すなわち、中大兄皇子はヘソを曲げ、玉座を射止めるために、反蘇我勢力と手を結ぼうとはしなかっただろうか。

変革の嵐が吹き荒れ、それまでの社会システムが棄てられようとしていたのだから、既得権益を持ち続けた大豪族にとって、受難の時代がやってこようとしていた。先祖代々継承されてきた、広大な領土と多くの民を朝廷に返上するという改革事業を前に、尻込みし、憤慨する者も現れただろう。つまり、改革事業に将来の不安を感じ、不満を抱いた彼らが、中大兄皇子を旗印にしたのではなかったか。これが、蘇我入鹿暗殺の、ひとつの理由であろう。

中大兄皇子をそそのかしたのは、中臣鎌足である。すでに触れたように、中臣鎌足は百済王子・豊璋で、彼の目的は、蘇我氏全盛期に採られた「全方位外交」を「親百済体制」に引き戻すことだったろう。祖国の衰弱を救うには、遠征軍を派遣するのが手っ取り早い。中臣鎌足は中大兄皇子に、「玉座を大海人皇子に奪われてもよいのですか」と焚きつけ、反動勢力の結集を呼びかけたのではなかったか。

年齢が逆転する兄弟

ならば、蘇我氏が兄の中大兄皇子ではなく、弟の大海人皇子を有力な皇位継承候補と考えた確たる理由はあったのだろうか。

皇極天皇と孝徳天皇は親蘇我派の皇族だが、蘇我氏の血は薄かった。ところが大海人皇子は、「蘇我系の皇族だったのではないか」とする説がある。

皇極紀には記されていないこの女性（宝皇女《たからのひめみこ》）の過去が、重祚《ちょうそ》したあと、斉明紀に記される。それによれば、舒明《じょめい》天皇に嫁ぐ以前、宝皇女は、用明天皇の孫の高《たか》向王《むくのおおきみ》に嫁ぎ、漢皇子《あやのみこ》を生んでいたという。『新撰姓氏録』によれば、高向王は用明天皇の子とある。いずれにせよ、高向王は蘇我系の用明天皇の縁者だった。そして、「高向」も「漢」も、どちらの名も蘇我氏とは強く結ばれていた。

問題は、この「漢皇子」こそ、大海人皇子の正体だったのではないかと疑われていることだ。それはなぜかというと、理由はやや複雑である。

中世文書をひもとくと、天智天皇と天武天皇の年齢が逆転する。多くの文書が、天武天皇の年齢を天智天皇よりも上にしている。

『日本書紀』は、天武天皇の生年を明らかにせず、年齢をはっきりと記録していない。天智天皇に関して舒明天皇崩御の年（西暦六四一年）に十六歳だったという。天智天皇は西暦六七一年に崩御しているから、享年《きようねん》四十六になる。

十五世紀前半に編纂された天皇家の系譜『本朝皇胤紹運録《ほんちようこういんじようううんろく》』は、天武天皇の享年を六十五といい、誕生は推古三十一年（六二三）といっている。これを信じれば、天武は天智よりも年上になる。『本朝皇胤紹運録』だけではなく、複数の中世文書が、「天智よりも天武の方が年長」と記す。

そこで大和岩雄《おおわいわお》らは、天武天皇が天智天皇の兄という中世文書を信用するならば、当てはまるのは漢皇子と推理したのである（『天武天皇出生の謎』六興出版）。

もちろん、通説は、猛反発する。「『日本書紀』と後世の文書の間に矛盾が生まれたら、『日本書紀』の記事を重んじるのが常識」と指摘し、天武天皇＝漢皇子説を、真っ向から否定してかかる。

もっともな考えで、話を身近な例に書き換えると、「事件現場の近くにいて、目撃した人間の証言と、あとから新聞を読んで語り継ぐ人間の、どちらの証言を取るか」と言えば、事件を目撃した人の証言ということになる。

これが、正論であろう。けれども、例外があることも、いっぽうの事実である。「目撃者」「証言者」が、事件の当事者だった場合、真実を探り当てるには、証言を鵜呑みにすることはできないということだ。犯人、あるいは犯人と与《くみ》している人物なら、平然と嘘をつくだろうからである。

そこで、『日本書紀』の「嘘」に注目してみよう。

なぜ『日本書紀』は大海人皇子を「天智の弟」と呼び続けたのか

天武天皇に関して、『日本書紀』は不自然な態度をとっている。この人物が活躍を始めるのは、天智天皇即位後のことで、それ以前の行動は、ほとんどわかっていない。

通説は、『日本書紀』は天武天皇にとって都合の良い歴史書と決めつけるが、それならばなぜ、この人物の前半生が、まったく欠落しているのだろう。

それだけではない。大海人皇子は、しばらく名前で呼んでもらっていない。白雉四年（六五三）是歳《ことし》の条、白雉五年（六五四）冬十月の二ヶ所に、「皇弟《すめいろど》」とある。天智天皇紀には、「大皇弟《ひつぎのみこ》」や「東宮大皇弟《ひつぎのみこ》」ともある。これらの呼び名に共通するのは、「弟」の一文字であり、天智の弟であることを強調している。そして、このような、本名が明かされず、前半生を「称号」「記号」で呼ばれ続けた人物は、大海人皇子のほかに例がない。

なぜ『日本書紀』は、大海人皇子を「天智の弟」と呼び続けたのだろう。なぜ、大海人皇子は、「天智の弟」でなければならなかったのだろう。過剰な強調こそ、かえって怪しい。実際には弟でなかったからではあるまいか。

ここで思い出すのは、皇極天皇の初婚の相手の高向王と漢皇子の「高向」と「漢」のことである。

「高向王」は、蘇我系の用明天皇の子か孫だが、「高向」は蘇我系豪族「高向臣《たかむくのおみ》」に通じる。「漢」は、蘇我氏の懐刀となって活躍した「東漢氏《やまとのあやし》」の「漢」と同じだ。これは、高向王や漢皇子が蘇我系の皇族であるとともに、蘇我氏の人脈に囲まれ、守られていたことを暗示している。

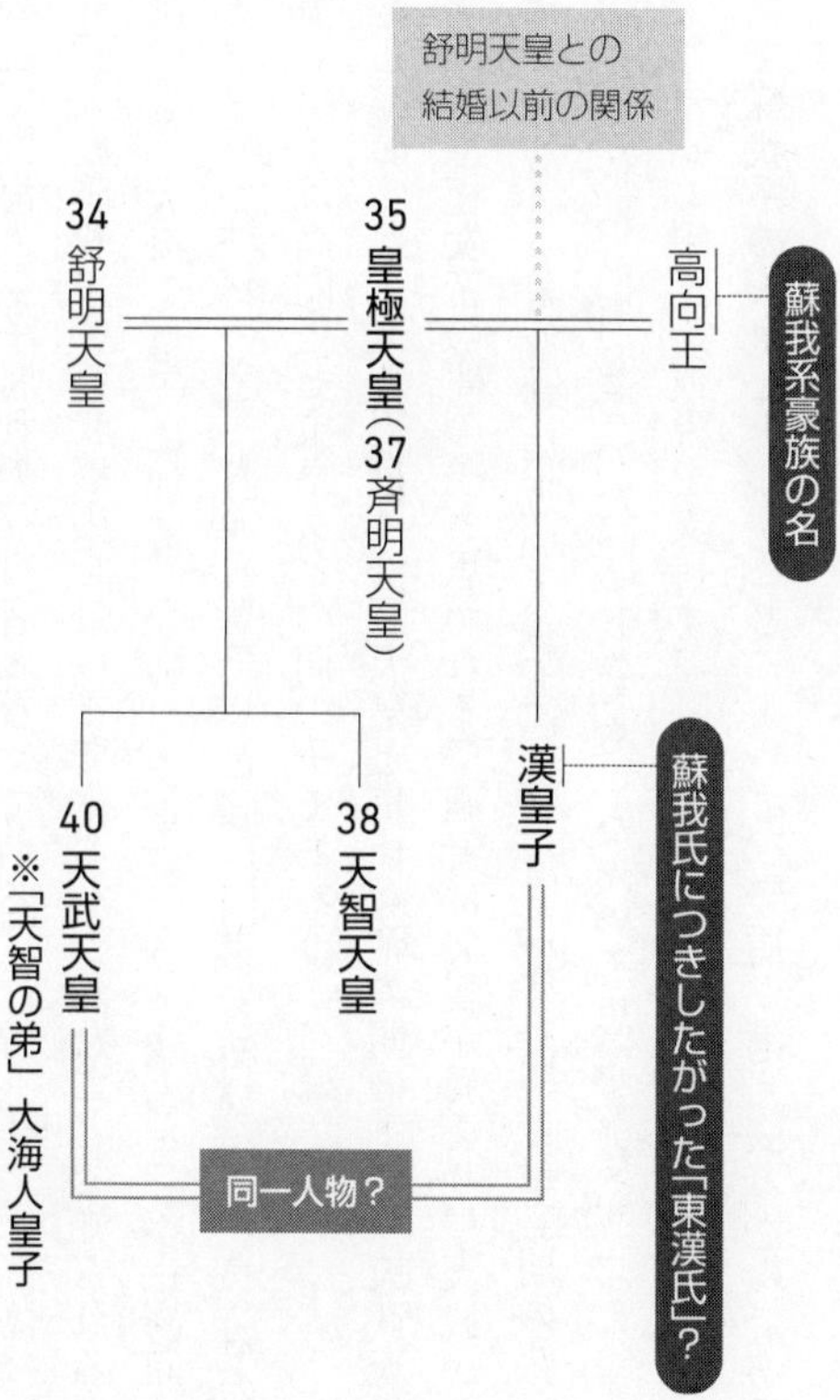
舒明天皇との
結婚以前の関係
34 舒明天皇
35 皇極天皇（37 斉明天皇）
高向王
蘇我系豪族の名
漢皇子
蘇我氏につきしたがった「東漢氏」？
40 天武天皇
※「天智の弟」大海人皇子
38 天智天皇
同一人物？

高向臣は、北陸地方で東海の雄族・尾張氏とつながっていた。蘇我系豪族と尾張氏は、壬申の乱で大海人皇子勝利の立役者となっている。

東漢氏は蘇我入鹿暗殺後、蘇我蝦夷を最後まで守ろうとしたことで知られる一族で、壬申の乱でも、大海人皇子に加勢し、戦果を挙げている。つまり、「高向」も「漢」も、どちらも「蘇我」や「大海人皇子」と強い因果で結びついてくるのだ。

やはり、大海人皇子は高向王と宝皇女との間の子であろう。

ここで整理しておくと、天智天皇は舒明天皇と皇極女帝の間の子で、天武天皇は蘇我系の高向王と皇極女帝の間の子と思われる。両者は父親が異なり、天武が天智よりも年上で、天智よりも蘇我に近い人物ということになれば、全盛期の蘇我氏が、「大海人皇子を依怙贔屓《えこひいき》していた」としても、なんの不思議もない。

筆者は、大和岩雄の唱えた仮説を支持する。天武天皇と天智天皇の不思議な関係は、天武天皇を蘇我系の天皇とみなすことによって、矛盾が消え去るからである。

通用しなくなったこれまでの常識

これまでの常識は、もはや通用しなくなったのだ。

蘇我氏が大悪人だったという『日本書紀』の記事は、そのまま歴史の教科書に載ってきたが、実際には、蘇我氏こそ改革派であり、古代史の英雄だった中大兄皇子や中臣鎌足が、反動勢力であった可能性が高い。そして、大海人皇子が蘇我系の皇族で、蘇我氏が将来を期待していたと考えれば、なぜ中大兄皇子が蘇我入鹿を殺そうと考えたのか、その理由がはっきりとしてくる。中大兄皇子は、大海人皇子が妬ましかったのだろう。中大兄皇子の心の闇を敏感に察した中臣鎌足は、「ともに蘇我氏を倒しましょう」とそそのかしたのだろう。中臣鎌足の目的は、百済救援であり、日本の改革事業など、どうでもよかったのだ。

ただし、蘇我本宗家を滅亡に追い込んでみたものの、体制をひっくり返すことはできなかった。孝徳天皇は都を難波に遷し、蘇我入鹿の遺志を継承したのだった。

もし、孝徳天皇が順調に改革事業を進めていけば、やがて皇位は大海人皇子に移っていただろう。そこで中大兄皇子と中臣鎌足は、要人暗殺をくり返し、反動勢力をまとめ上げ、孝徳朝を追いつめたのだろう。

孝徳天皇崩御ののち、中大兄皇子が母を再び皇位に就けたのは、中大兄皇子自身が実権を握るためであろうが、もうひとつの理由があったはずだ。皇極天皇が大海人皇子の母であったのに対し、斉明天皇は中大兄皇子の母であり、母から子へ皇位継承することで、中大兄皇子の即位を正当化する目的があったのだろう。

こうして、中大兄皇子は、無謀な白村江の戦いに猪突した。このとき、人々は罵声を浴びせ、「負けるに決まっている戦い」と非難した。もちろん、大海人皇子は遠征に反発していただろうから、中大兄皇子は大海人皇子の動きを封じるために、大海人皇子の身内を楯にしたのだ。すなわち、母（斉明天皇）や臨月が近かった妃（大田皇女）、もとの恋人（額田王《ぬかたのおおきみ》）を人質にして、九州に連れて行ったのだろう。斉明天皇を連れて行ったことによって、大海人皇子だけではなく、蘇我系豪族の動きも封印することができたはずである。

白村江の敗戦によって、日本は滅亡の危機に瀕した。だから中大兄皇子と大海人皇子は妥協したのだろう。こうして中大兄皇子が即位し、大海人皇子は皇太子となった。天智天皇の娘が大勢大海人皇子のもとに嫁ぎ、蘇我系豪族を抜擢したのは、大海人皇子を懐柔し、蘇我系豪族の協力を仰がなければ、政権を維持することができなかったからだろう。前述したように天智天皇は最晩年、姑息《こそく》な手段を用いて、大海人皇子を抹殺しようと目論《もくろ》んだ。しかし、蘇賀安麻侶の機転によって、大海人皇子は吉野に逃れ、壬申の乱は勃発したのである。

圧倒的な勝利を収めた大海人皇子は、都を飛鳥に戻し、即位すると、独裁体制を敷き（皇親政治《こうしんせいじ》）、蘇我氏や孝徳天皇がやり残した改革事業を、一気に推し進めたのである。

明らかになった『日本書紀』の裏側の歴史

こうして、ようやく『古事記』と『日本書紀』の背後に隠された歴史が、明らかになったのである。

ここでまずわかったことは、「歴史はねじれていた」ということである。古代史に謎が多かったのは、『日本書紀』に騙《だま》され、多くの誤解をしていたからである。それを箇条書きにすると、次のようになる。

①蘇我氏の正体を見誤っていたこと（聖徳太子というカラクリに欺されていた）

②中大兄皇子と大海人皇子が、異父兄弟で、憎しみ合っていたことを、『日本書紀』は隠匿した

③皇極、孝徳、天武天皇が、親蘇我派だったことに気付かなかった

④天武天皇崩御ののち、天智天皇の娘の持統天皇が即位し、中臣鎌足の子の藤原不比等を抜擢したことで、壬申の乱の敗者がゾンビのように復活したことに、気付かなかったこと

⑤中臣鎌足が百済系で、中大兄皇子を裏から操り百済救援を敢行させ、日本を奈落の底に突き落としたこと

　ここでもっとも重要なことは、天武天皇の崩御と持統天皇の即位によって、目に見えない政権交替が起きていたことなのだ。形の上では「天武の末裔の王家」がしばらく続くが、観念上は、天智天皇の娘の持統天皇の王家に入れ替わっていたのだ。それはなぜかといえば、神話の中で男性であるはずの太陽神・アマテラス（天照大神《あまてらすおおみかみ》）が女神に入れ替わり、いっぽうで持統天皇の諡号《しごう》（贈り名）は、高天原広野姫天皇《たかまのはらひろのひめのすめらみこと》と、高天原の支配者・アマテラスを意識したものになっていた。

　つまり、『日本書紀』は、持統天皇と藤原不比等が、「蘇我系天武王朝を乗っ取った」という事実を隠蔽し、そのうえで、蘇我氏を大悪人に仕立て上げ、現王朝の正当性と正統性をうたいあげたのである。そして、当然のことながら、『日本書紀』は百済寄りの文書であり、新羅を敵視したのだ。

　そこで、ようやく『古事記』について、考えることができるようになった。『日本書紀』が勝者側の歴史書だとすれば、『古事記』は、敗者側の歴史書だということは、ようやく気付いていただけただろう。けれども、それだけで『古事記』を語ることはできない。

次章で『古事記』の真実に迫ってみたい。

第四章

『古事記』と渡来人

秦の始皇帝の末裔（？）の秦河勝の墓がある生島（兵庫県赤穂市）

流転した七〜八世紀の政局

七世紀から八世紀にかけて、政局はめまぐるしく流転した。流れをおおまかに見れば、次のようになる。

蘇我《そが》氏全盛期→乙巳《いっし》の変（蘇我本宗家滅亡）→孝徳《こうとく》天皇の即位と大化改新《たいかのかいしん》→中大兄皇子《なかのおおえのみこ》が飛鳥《あすか》遷都を強行→斉明《さいめい》天皇の即位→白村江《はくすきのえ》の敗北→近江《おうみ》遷都→天智《てんじ》天皇即位→大海人皇子《おおあまのみこ》の吉野隠棲→壬申《じんしん》の乱→天武《てんむ》天皇の皇親政治《こうしんせいじ》→天武崩御《ほうぎょ》と持統《じとう》天皇の即位→藤原氏の台頭→平城京《へいじょうきょう》遷都→（『古事記』編纂《へんさん》）→『日本書紀』編纂

この間、蘇我系政権から斉明＋天智朝（中大兄皇子＋中臣鎌足《なかとみのかまたり》体制）へ、そして壬申の乱をへて天武親蘇我政権が誕生し、持統天皇が即位して、持統＋藤原不比等《ふじわらのふひと》体制が成立した。持統天皇の政権は、「中大兄皇子＋中臣鎌足体制」の焼き直しであり、親蘇我政権は、静かなクーデターによって、乗っ取られたのである。

政権はコロコロと入れ替わり、歴史編纂も、その都度「勝利した政権側」が編纂を目論《もくろ》んだにちがいない。『古事記』も『日本書紀』も、「編纂のきっかけは天武天皇の考えだった」といっているのは、あながちデタラメでもあるまい。つまり、一度潰された親蘇我政権を天武天皇は再興し、その間の歴史を書き残したいと願っただろう。天武天皇が、「今残されている歴史は、誤りが多い」と述べているのは、乙巳の変で蘇我本宗家が滅亡し、あとを引き継いだ孝徳朝が滅んだ段階で、中大兄皇子らが歴史書編纂を目論み、そこで数々の歴史改竄《かいざん》作業が行われていたことを暗示しているのかもしれない。蘇我本宗家滅亡事件に際し、蘇我氏が守りつづけてきた歴史書の一部が燃えてしまい、また一部を中大兄皇子の軍勢が見つけたと『日本書紀』がいっているのは、このあたりの事情と密接にかかわっていよう。

そうなってくると、改めて、『古事記』が親新羅《しらぎ》を、かたや『日本書紀』が親百済《くだら》を標榜していた事実が、大きな意味をもってくることに気付かされる。

これまで見てきたように、中大兄皇子と中臣鎌足は、衰弱著しい百済を救援しようと躍起になった。中臣鎌足の子の藤原不比等が編纂に大きな影響力を及ぼしたであろう『日本書紀』の中で、百済を滅亡に追い込んだ新羅を敵視し、蔑視するのは、当然のことであった。

ならば、『古事記』が親新羅であることを、どのように考えればよいのだろう。

壬申の乱前後の渡来系豪族の動向

『日本書紀』が「持統＋藤原不比等体制」側にとって都合の良い歴史書であったことは当然のこととしても、それならば、『古事記』は、七世紀の激しい政争の中で、敗れた側の誰が編纂したのか、という疑問が生まれてくる。

『古事記』序文によれば、天武天皇が編纂を思いつき、元明《げんめい》天皇の勅命によって完成したということになるが、これを素直に信じるわけにはいかない。

政争に敗れ去った蘇我系の誰かと想定することも可能だが、『古事記』は「蘇我氏の祖は建内宿禰《たけのうちのすくね》（武内宿禰《たけのうちのすくね》）」と述べるだけで、特別蘇我氏を顕彰しているわけではない。だから、『古事記』と蘇我氏は結びつかない。

平安時代に編纂された物部《もののべ》系の伝承とされる『先代旧事本紀《せんだいくじほんぎ》』の場合、物部氏の祖・ニギハヤヒ（饒速日命《にぎはやひのみこと》）をクローズアップし、『日本書紀』には記されなかったニギハヤヒから続く詳細な物部氏の系譜を、書き連ねている。ところが、『古事記』の場合、蘇我氏を特別視しているわけではない。ならば、『古事記』は、誰が、何のために記したというのだろう。

ここで改めて確認しておきたいのは、壬申の乱における渡来人の動向である。

すでに述べたように、白村江の敗戦によって、大量の百済遺民《いみん》が帰化亡命し、琵琶湖周辺に住まわされた。渡来人、帰化人を都周辺に留め置くのは、古くから継承されてきたヤマト朝廷の「習慣」であった。新たにやってきた渡来人は、新しい知識と技術を持ち合わせていたため、王家が独占することによって、他の豪族との差別化を図り、求心力の源としてきたのである。

この時百済から亡命してきた人々の名は、以下の通り。

余《よ》、鬼室《きしつ》、答本《とうほん》、沙宅《さたく》、四比《しび》、吉《きち》、谷那《こくな》、憶頼《おくらい》、木素《もくそ》、許《こ》、賈《か》、楽浪《さざなみ》らで、近江朝は彼らを重用した。

ところが天武朝では、彼らはまったく姿を消すのである。おそらく、壬申の乱の主戦場だった近江で、彼らは大友皇子《おおとものみこ》とともに奮戦するも、最後は蹴散らされたのだろう。敗北した人々が、復活するのは、藤原氏の台頭後のことである。

いっぽう大海人皇子軍にも、多くの渡来系豪族が加勢している。「書《ふみ》」「民」「坂上」ら、東西の漢氏《あやし》と秦氏《はたし》であった。漢氏は百済系、秦氏は新羅系とされるが、どちらも朝鮮半島最南端の伽耶《かや》諸国からやってきたと思われる。いずれにせよ、白村江の敗戦で日本に亡命した百済人とは、日本における歴史が違う。

壬申の乱における渡来人の動向は、古い渡来系豪族が大海人皇子に荷担し、百済からの新渡来系が近江朝に荷担したことになる。

唐を棄て新羅をとった天武天皇

ここで、素朴な疑問が浮かぶ。なぜ日本に、これだけ多くの渡来人や帰化人がやってきて、渡来系豪族が活躍したのだろう。

大陸や朝鮮半島の人々が、日本列島に押しかけて、征服王朝を築いたとする説が盛んに唱えられたりもした。けれども、朝鮮半島が統一されていなかった状況で、どこかひとつの国が、日本列島に触手を伸ばし、遠征軍を派遣していたら、オオカミのような隣国に、祖国が奪われていただろう。四世紀末から五世紀にかけて、高句麗《こうくり》の南下政策に頭を悩ませた朝鮮半島南部の国々は、倭国に救援を求め、遠征軍が派遣された。彼らにとって、地勢上、倭国を敵に回すことはできなかったのである。

長い間、百済が人質の王子を日本に送り込んでいたのは、百済が日本を必要としていたからである。

朝鮮半島の国々にとって、倭国（日本）が誰と手を組むのかは、最大の関心事だった。朝鮮半島では新羅、百済、高句麗が生き残りを懸けて、三つ巴《みつどもえ》の戦いを演じていた。六世紀半ばまでは、これに伽耶諸国がからんでいた。

背後に憂いのない倭国の軍勢は、朝鮮半島からみれば、のどから手が出るほど欲しかったのだ。だからこそ、朝鮮半島の国々は、日本に人質を送り、あるいは新技術をもたらすいっぽうで、「わが国に支援を……」と、ロビー活動に励んでいたにちがいない。そしてここに、天智と天武の対立の図式ができあがっていく。百済を「偏重」する天智天皇に対し、天武天皇は蘇我氏の全方位外交を継承したのだ。そして、半島情勢の激変によって、天武は新羅につくことにしたのである。だからこそ、唐の郭務悰《かくむそう》は天武を危険視したのだろう。また天武天皇は即位後、新羅との間に濃密な友好関係を構築している。つまり、天武天皇は唐との関係を断ち切ったのである。

天武二年（六七三）には、新羅は天武即位を祝う使い（金承元《きんしょうげん》ら）を送り込み、ここから、天武朝と新羅の蜜月がはじまる。

天武四年（六七五）二月是月《このつき》の条《じょう》には、新羅が王子忠元《ちゅうげん》らを遣わし、調進してきたとある。新羅王子の遣使は、歴史上はじめてのことだ。もちろん、日本から新羅へも、使者が送られている。

ちなみに、唐と新羅の戦争状態は、天武五年（六七六）まで続いているから、新羅は天武天皇に支援を求め、あるいは「唐とは手を組まない」という言質《げんち》を求めたのではなかったか。少なくとも、唐と新羅が反目する中、新羅王子を天武が一蹴するのではなく、迎え入れている事実は、重要な意味をもっている。

遣唐使《けんとうし》は、天智八年（六六九）以降しばらく途切れ、大宝《たいほう》二年（七〇二）になってようやく再開されるのだから、天武天皇は唐とは、関係を閉ざしてしまったことになる。「唐の朝鮮半島進出が日本の国益に合致しない」のだから、「新羅に朝鮮半島の独立性を保ってもらいたい」と願ったのだろう。

天武天皇崩御の直後から、今度は新羅との間にすきま風が吹き始める。持統天皇は天武天皇の崩御を新羅にすぐには知らせず、また新羅からの使者に難癖をつけ、邪険に扱うのである。

『古事記』と古代最大の渡来系豪族・秦氏

天智天皇は百済救援に没頭し、墓穴を掘った。かたや天武天皇は、天智の轍《てつ》を踏むまいと、冷静に判断し、国益を優先して新羅と手を組んだ。朝鮮半島が大国・唐に占領されることを嫌ったのだろう。

では、天武天皇が新羅と友好関係を結んだから、『古事記』は親新羅の方針をとったのだろうか。

すでに触れたように、天武天皇は蘇我系皇族だったが、『古事記』は蘇我氏を褒め称《たた》えていない。それでは、誰が『古事記』に「新羅色」をつけたのだろう。それは、古代最大の渡来系豪族・秦氏ではないか、とする説がある。事実、このあと触れるように、『古事記』には秦氏の祀っていた神々が登場する。これらの神々は、『日本書紀』から無視されていた。

『古事記』の最後の謎を解き明かす鍵は、秦氏である。そこで、秦氏について、考えておきたい。

そもそも秦氏とは何者なのだろう。じつを言うと、『日本書紀』や『古事記』を読んでも、秦氏の祖はよくわからない。ただし、『新撰姓氏録《しんせんしょうじろく》』には、「応神《おうじん》天皇十四年、融通王《ゆうつうおう》（またの名を弓月王）が、百二十七県《あがた》の百姓《おおみたから》を率いて帰化した」とあり、これを秦氏の祖と説明する。また、秦氏は「秦《しん》の始皇帝《しこうてい》の末裔」だったともいう。おそらく、秦氏自身が、そう語り継いできたのだろう。ただし、正確なことはよくわかっていない。第一、「秦氏」は「血でつながった親族の集合体」というよりも、職業集団の要素が強かった。

『古事記』には、秦氏の渡来記事が残される。応神天皇の御代《みよ》、秦造《はたのみやつこ》の祖と漢直《あやのあたい》の祖、それに新たな醸造技術をもった仁番《にほ》（またの名を須々許理《すすこり》）なる人物が渡来したというのだ。ただし、この記事だけでは、秦造の祖が誰だったのか、はっきりとしない。

いっぽう『日本書紀』には、弓月王によく似た弓月君《ゆづきのきみ》の来日記事がある。それが応神十四年是歳《このとし》の条《じょう》で、百済から弓月君が来朝したという話だ。弓月君は途中で、新羅人に妨害されたと、来日後訴えている。

「私は、自分の国の百二十県の人夫《おみ》（公の使役に携わる民）を率いて帰化するためにやってこようと考えました。ところが、新羅の人々に足止めを喰らい、みな、加羅国《からのくに》に留まっております」

そこで天皇は葛城襲津彦《かずらきのそつびこ》を遣わし、加羅にいる人夫を招かせようとした。ところが、葛城襲津彦はその後、三年帰ってこなかったという。

この記事と『新撰姓氏録』を合わせれば、秦氏の祖が弓月君であった可能性が出てくる。可能性はあるが、確定はできない。

秦氏は、いたる場面で新羅と接点をもってくるが、『日本書紀』は「弓月君は百済からやってきた」と言っているのだから、単純に弓月君＝秦氏の祖という考えを受け入れることはできない。秦氏の祖は、新羅、あるいは伽耶（加羅）からやってきたと考えたほうが、自然である。

すでに触れたように、『新撰姓氏録』は弓月君を秦の始皇帝の末裔とするが、実際に秦国の難民が、朝鮮半島に逃れてきていたという言い伝えがあった。それが朝鮮半島東南部の辰韓《しんかん》で、のちの新羅である。

『魏志《ぎし》』辰韓伝は、辰韓は馬韓《ばかん》（のちの百済）の東にあると記録する。古老が伝えていうには、辰韓の人々は秦の重税や苦役から逃れ、馬韓は東側の土地を割いて住まわせたといい、秦の人に似ていることから、「秦韓《しんかん》」とも呼ばれていたという。

ところで、辰韓と馬韓に挟まれていたのが弁韓《べんかん》で、弁辰《べんしん》ともいい、のちの伽耶諸国（小国家の連合体）となる地域だ。『魏志』弁辰伝には、「辰韓と弁韓の人々は混じって生活し、風俗は似ている。養蚕《ようさん》が得意で、布を織る」とある。

つまり、朝鮮半島東南部の人々の習俗はよく似ていて、のちの伽耶諸国と新羅の近さが記録されている。また、このあと触れるように、秦氏も養蚕が得意で、布をよく織る一族だ。そして、彼らが中国の「秦」との関係をほのめかしているのは、このような朝鮮半島東南部の特殊な歴史を踏まえてみれば、納得できる。秦氏が中国から朝鮮半島の東南部に渡っていた可能性は、否定できない。もちろん、それが事実ではないとしても、伽耶や新羅の一帯に、「われわれの祖先は秦の国からやってきた」という言い伝えがあって、秦《はた》の民《たみ》がこの伝承を信じ、語り継ぎ、伽耶や新羅の地域から日本に流れ着いたのち、「われわれは秦の始皇帝の末裔」と、喧伝《けんでん》したであろうことは、十分考えられるのである。

秦氏の奉祭する神が『古事記』にのみ登場する謎

『古事記』は百済ではなく新羅に偏った文書だから、『古事記』編纂には、新羅系の誰かが、影響を及ぼしていた可能性がある。

そこで注目されるのが、『日本書紀』に載っていないのに、『古事記』に載る神統譜で、それが、大年神《おおとしのかみ》の系譜である。

スサノオ（須佐之男《すさのお》、速須佐之男命《はやすさのおのみこと》、素戔嗚神《すさのおのかみ》）が八俣《やまた》の大蛇《おろち》を退治し、宮を造る場所を出雲国《いずものくに》に求めて、須賀《すが》に定めたという話に続けて、神統譜が語られる。その中で、まず、正妃《せいひ》の櫛名田比売《くしなだひめ》との間の子が八島士奴美神《やしまじぬみのかみ》というとあり、これに続けて、大山津見神《おおやまつみのかみ》の娘の神大市比売《かむおおいちひめ》を娶《めと》って生まれた子は、大年神とある。

この場面で、スサノオの子の系譜にまつわる説明はいったん終わるのだが、大国《おおくに》主神《ぬしのかみ》の国造りと出雲の国譲《くにゆず》り神話の間に、なぜか「大年神の系譜」が、挿入されている。唐突という表現がぴったりだ。また、全部で二十八柱の神のうち、大国《おおくに》御《み》魂神《たまのかみ》以外の神々は、『日本書紀』に登場しないのである。

系譜が忽然《こつぜん》と現れるのも不自然だが、この神々の中に、渡来系と目される神が存在するのも不思議だ。それが、韓神《からのかみ》、曾富理神《そほりのかみ》、白日神《しらひのかみ》、聖神《ひじりのかみ》で、ちなみに曾富理の「ソ」は古代朝鮮語の「黄金」で、「ホリ」は集落、村落を意味している。またた「ソホリ」で、王都の意となる。これら四柱の神々は、新羅系の秦氏が祀る神でもあり、『古事記』にのみ載っている。

これらのよく整えられた神統譜が、『古事記』だけに「まるで割りこむかのように」載っていること、しかもこれらの神々は、古い伝統に裏付けられているわけではなく、平安初期に勃興していた。だから、『古事記』編纂に、秦氏が関与していた可能性を高めるのである。

『古事記』を編纂したのは多氏《おおし》だったと大和岩雄《おおわいわお》はいうが、それならばなぜ、渡来系の秦氏にかかわる系譜が、『古事記』に紛れ込んだのだろう。どうやら、多氏と秦氏には、接点があったようなのだ。

『古事記』神武《じんむ》天皇の段には、神武天皇の子・神八井耳命《かむやいみみのみこと》の系譜が載っていて、そこに意富臣《おおのおみ》（多氏）の名があり、続いて、小子部連《ちいさこべのむらじ》が登場する。多氏と小子部（少子部《ちいさこべ》）氏は神八井耳命の末裔で遠い姻戚関係にあるが、『新撰姓氏録』によれば、秦公酒《はたのきみさけ》（秦酒公）が雄略《ゆうりやく》天皇に対し、各地にばらばらになっている秦の民を集めたいと願い出たので、雄略天皇は小子部雷《ちいさこべのいかずち》を遣わしたとある。ここに登場する小子部雷は、多氏と遠戚だから、多氏と秦氏がつながってくる。

多氏と強くつながる秦氏

『日本書紀』雄略六年三月条にも、これと似た話がある。

雄略天皇は后妃に、桑《くわ》の葉を摘ませて、養蚕を奨励しようと思われた。そこで蜾蠃《すがる》（という人物）に命じ、国中の蚕《コ》を集めさせた。すると蜾蠃は、誤って嬰児《えいじ》（わかご）を集め、奉献してしまった。天皇は大笑いし、嬰児を蜾蠃に下賜し、「自分で養え」と述べられた。このことがあって、雄略天皇は蜾蠃に「少子部連」の姓を下賜されたのだった。

ここで、多氏の親族・少子部氏と養蚕が接点をもってくるが、秦氏もまた、養蚕や機織《はたおり》と強くかかわっていた。

『日本書紀』雄略十五年の条には、次のような一節がある。

秦の民を臣と連《むらじ》ら（他の有力氏族）が勝手に使役し、秦造《はたのみやつこ》（秦氏）には委ねなかった。だから秦造酒《はたのみやつこさけ》（秦公酒）はとても憂えたまま、天皇に仕えていた。天皇は秦造酒を寵愛していたので、詔《みことのり》して秦の民を集め、秦造酒に下賜した。だから秦造酒は、大勢の人々を率い、庸《よう》（麻布）と調《みつぎ》（絹・絁《あしきぬ》）と上質の絹を奉献し、朝廷に積み上げた。そこで姓を賜《たまわ》り、「ウヅマサ（うずたかく盛り上げたから）」とした。

『古語拾遺《こごしゅうい》』にも、似た記事が載せられている。

雄略紀十六年秋七月には、次の記事が載る。

詔して、栽培に適した土地に桑を植えさせ、秦の民を分けて移住させ、庸と調を献上させた。

『新撰姓氏録』や『三代実録《さんだいじつろく》』にも、秦氏と養蚕のつながりが記録されている。

このように、まず少子部と養蚕の関係があって、そのうえで秦氏と多氏はつながり、また秦氏と養蚕は、強い因果でつながっていたことがわかる。

京都市右京区太秦《うきょううずまさ》には、秦氏の氏寺《うじでら》・広隆寺《こうりゅうじ》があって、境内《けいだい》の東の端に木島《このしまに》坐天照御魂神社《ますあまてるみむすびじんじゃ》が鎮座し、さらに本殿の東側には養蚕神社《こかい》が祀られる。太秦の一帯（旧葛野《かどの》郡）は、稲作には適さない土地だったため、この地に入植した秦氏は、桑を植え養蚕を始めた可能性も指摘されている。いずれにせよ、秦氏と養蚕は、いたる場面で結びつく。

同じく秦氏の祀る伏見稲荷《ふしみいなり》神社も、養蚕とはかかわりが深い。

こうして、少子部蜾蠃《ちいさこべのすがる》の説話から、多氏と秦氏の接点があぶり出される。

ところで、秦氏は世阿弥《ぜあみ》を輩出したように、芸能の分野でも、多大な功績を残しているが、ここでも、多氏との関係が見え隠れする。

たとえば、聖徳太子建立寺院のひとつとして名高い四天王寺《してんのうじ》（大阪市天王寺区）の楽人《がくにん》は秦氏で、これを束ねていたのが多氏だった。応仁《おうにん》の乱（一四六七〜一四七七）で京都の楽人は消え失せ、奈良の興福寺《こうふくじ》や四天王寺でかろうじて、雅楽《ががく》が守られていったのだ。ちなみに、四天王寺で現在も守られているのは、聖霊会《しょうりょうえ》の舞楽《ぶがく》である。

宮中の楽人の家柄の多くは渡来系で、それを統率するのが多氏だった。四天王寺と、構図はよく似ている。

目立たぬが隠然たる力を持ち続けた秦氏

『日本書紀』や『古事記』の記事を信じるならば、多氏は神武天皇の子・神八井耳命の末裔で、王家の遠い親族ということになる。壬申の乱に際しては、多品治《おおのほむじ》が美濃国安八磨郡《あはちまのこおり》（安八郡）の湯沐令《ゆのうながし》だった。多品治は乱勃発の早い段階で大海人皇子に加勢し、功を挙げている。湯沐令は皇太子に与えられた養育のための領地で、ここを多氏が管理していたのは、彼らが王族の遠い親族だったからだろう。その多氏と秦氏は、主と従の関係で、これが王家の末裔と渡来系豪族の、定位置と言っていい。

また、他の拙著（『海峡を往還する神々』ＰＨＰ文庫）の中で述べたように、初代神武天皇と新羅は、けっして無関係ではなく、むしろ強く結ばれていたのだから、多氏と新羅には接点と因縁があって、そのつながりで多氏が秦氏と関係を保ち続けていた可能性は高い。もちろん、この関係は、蘇我氏と秦氏にもいえることなのだが……。それはともかく……。

やはり『古事記』編者の正体を知る上で、多氏と秦氏を無視することはできない。そして、秦氏は多氏とのつながりを最大限に活用し、『古事記』に影響を及ぼしていた可能性が高い。

すでに述べたように、『古事記』の神話には、秦氏の祀る神々の系譜が、やや強引な形で、挿入されていた。秦氏の強い要望が『古事記』編者に向けられた結果だろう。そしてもちろん、『日本書紀』に、これらの神々は登場しない。

ではなぜ、秦氏は神々の系譜にこだわり、わざわざ『古事記』に名を留めようとしたのだろう。この謎を解くには、まず秦氏はどのような活躍をしていたのか、そこから話を始めなければなるまい。

秦氏は、古代最大の豪族で、『新撰姓氏録』によれば、雄略天皇の時代（五世紀後半）、全国に散った秦の民の数を調べてみたら、「一万八千六百七十人」いたという。派手な活躍はないものの、縁の下の力持ちの役目を果たした。職人や商人などを輩出し、あらゆる分野に進出した。鋳造《ちゅうぞう》（主に銅）・木工・機織の技術は宮廷工房で活かされたため、「殖産《しょくさん》的氏族」と呼ばれることもある。政治的な活動は控え、「実利を追求した」と言えそうで、それはなぜかと言えば、彼らが通商国家群・伽耶から渡来したからだろう。だから、歴史に名を残す人物を何人も輩出したわけではない。秦氏と言われて思い出す人物と言えば、聖徳太子に寵愛されたという秦《はたの》河勝《かわかつ》ぐらいである。

また、すでに触れた雅楽の楽人や能楽の世阿弥がそうであったように、芸能の民の多くも秦氏出身で、彼らが日本の文化の基層を形作ったと言っても過言ではなかった。

秦氏の本拠地は山城《やましろ》（山背《やましろ》。京都府南部）だが、分布域は広大で、畿内、北部九州、瀬戸内海沿岸部、四国、北陸、東海（伊勢）、関東にまたがる（どちらが多いかといえば、西日本が多い）。しかも、数々の職業を持ち、「秦氏」の支配下に渡来系の「秦人《はたびと》」がおり、さらに秦人の下には、倭人の「秦人部」、「秦部」という農民がいて、巨大なピラミッドを構成していたのである。

中央政府で高級官僚になるわけでもなかった秦氏だから、歴史上目立った活躍はしていない。しかし、最大の豪族で、全国にネットワークを張り巡らせる秦氏は、隠然たる力を持ち続けたのである。

日本の発展に寄与した秦氏

ところで、『古事記』に秦氏が斎《いつ》き祀る神の名が登場したのは、秦氏が、悲運の豪族だったからではないかと思えてくる。実力はあったのに、日の目を見ず、影の存在として生きていかざるを得なかったのが、秦氏であった。大年神を『古事記』に載せたのは、彼らのせめてもの権威づけではなかったか。

なぜそう思うのか、事情を説明しておこう。

朝鮮半島から先端の技術と文化を携えて、秦の民は日本にやってきた。彼らは朝鮮半島の争乱と混乱から逃れてきた人々だ。

高句麗の南下政策によって、百済、新羅は圧迫され、しわ寄せは朝鮮半島最南端の伽耶諸国に及んだ。百済と新羅は常に、伽耶に対し領土的野心をむき出しにしたからだ。伽耶諸国は通商国家で、強い権力の発生を嫌い、小国家の集合体であり続けたから、倭国に軍事介入を求め、また困窮した民は、倭国に亡命した。彼ら渡来人や帰化人は、「日本列島を征服してやろう」などという野望を抱いていたわけではなかったのだ。

いっぽう迎え入れるヤマトの人々は、朝鮮半島から海を渡ってくる人々の技術を大いに活用した。特にヤマトの大王は、渡来人を直接支配し、技術と知識を独占することで、次第に財力と政治力を蓄えるようになっていく。五世紀の王朝は、河内に巨大な前方後円墳《ぜんぽうこうえんふん》を次々と造営し、発展していった。この「河内王朝」は、かつて征服政権と考えられていたが、門脇禎二《かどわきていじ》が述べるように、ヤマトの王家が渡来人を河内に入植させ、開拓し、直轄領にしていったと考えた方が、合理的である（『葛城と古代国家』教育社）。

秦氏がどれだけ日本の発展に寄与したか、本人たちが、一番訴えたかったことではあるまいか。しかし、『古事記』には、大年神にまつわる系譜が載るのみで、控えめなアピールとなった。これも、秦氏の悲運のひとつといえるかもしれない。

さらに秦氏は、やはり朝鮮半島南部から同時期に日本にやってきた漢氏に、いくつかの点で差をつけられている。

まず、秦氏のもちこんだ技術は次第に古くなっていったが、漢氏の場合、応神天皇の時代に渡来した本流のほかに、五世紀末の雄略朝に、新たな渡来があった。『日本書紀』雄略七年是歳の条には、西漢《かわちのあや》才伎《てひと》歓因知利《かんいんちり》なる人物が、「私よりも巧みな技をもった職人（才伎）が、韓国《からのくに》にいます」というので、百済から職人を献上させた。その人たちは最初倭国《やまとのくに》の吾礪《あと》の広津邑《ひろきつのむら》（大阪府八尾《やお》市植松町《うえまつちょう》）に住まわせたが、病死する者が多かったため、上桃原《かみつももはら》、下桃原《しもつももはら》、真神原《まかみがはら》に移したとある。これはどこかというと、飛鳥周辺と考えられている。

彼らは「今来漢人《いまきのあやひと》」と呼ばれた。明日香村一帯が古くは今来《いまき》郡という地名だったのは、今来漢人が住んでいたからだ。今来郡では収まりきらないほどの大人数だったという。だから、摂津、三河、近江、播磨、阿波にも分散して住むようになったのである。

これら、「今来漢人」を支配下に組み込んだ漢氏は、最先端の技術を手に入れたのである。そして、彼らは中央の大豪族（具体的には物部氏や蘇我氏）の配下で、存在感を増していったのであった。これに対し、秦氏はむしろ土着化し、「在地性の強い後進的な技術」を継承するようになったのである。

侮ることができない秦氏の構築したネットワーク

秦氏がどれだけ活躍しても、高級官僚に出世することはなかった。とはいっても、秦氏の財力とネットワークを、侮ることはできない。王家の命運を左右するだけの力をもっていたようだ。

欽明即位前紀には、秦氏にまつわる次のような説話が載る。

欽明天皇が幼いときに見た夢の中で、ある人が、次のように申し上げた。

「もし天皇が秦大津父《はたのおおつち》という者を寵愛されれば、大人になられたとき、必ず天下を治められることになりましょう」

夢から覚めた欽明は、使いを遣わし捜し求めたところ、山背国《やましろのくに》の紀伊郡《きのこおり》の深草里《ふかくさのさと》（京都市伏見区）でみつけた。秦大津父は次のような話をした。

「私が伊勢に行って商いをして帰ってくるとき、山で二匹のオオカミが争い血まみれになっていました。馬から下りて口と手を洗い、祈って『あなたは貴い神で、荒々しいことを好みます。もし、狩人に出逢えば、あっという間に捕らわれてしまうでしょう』と言いました。そして、嚙み合うのをやめさせ、血にまみれた体を洗ってやり、命を助けてやりました」

この話を聞いた欽明は、秦大津父を近くに侍らせ、寵愛した。すると、富み栄え、即位に際し、大蔵省《おおくらのつかさ》に任ぜられたのだった。

欽明天皇と秦氏の強いつながりを物語っている。欽明天皇に見出された秦大津父が、朝廷の財政にかかわる仕事を手に入れたというのである。

ただし、「大蔵省」という役職が、当時まだ設けられていなかったこと、すでに蘇我氏が台頭し、国家財政の運営に大きく寄与していたことから、秦氏が蘇我氏を出し抜いて、財政を差配するということは考えられないとする指摘がある（『秦氏とカモ氏』中村修也《なかむらしゅうや》、臨川選書）。では、実態はどのようなものだったかというと、「大津父が外部から欽明朝の経済を支援した可能性はおおいにありえることである」という。もちろん、秦氏の財力と、抱えていた大量の渡来系遺民のネットワークを軽視することはできない。

得をしたのは欽明天皇か秦大津父か

ところで、今取りあげた欽明即位前紀には、いくつも問題がある。

まず、欽明天皇が秦大津父を寵愛したことで、富み栄えたのは欽明と秦大津父どちらだったのか、文章上の主語がはっきりとしないのだ。

一般的には「得をしたのは秦大津父の方」「天皇に大抜擢されて秦氏は出世した」と解釈されているが、「逆ではないか」と指摘されるようになった。少数意見だが、文章の流れからいって、こちらが自然だ。

水谷千秋は『謎の渡来人　秦氏』（文春新書）の中で、秦大津父のおかげで天皇が富み栄えたと考えることに、「学者の中でさえ無意識の抵抗感や自己規制が働いたのかもしれないと思う」と述べている。まさにそのとおりであろう。秦氏の実力を侮ることはできないのである。

そして、もうひとつ問題が隠されている。

「二匹のオオカミの喧嘩」という、何やら暗示めいた説話が挿入されている。しかもオオカミに向かって秦大津父は「貴い神」と呼んでいる。ここに、何か深い意味が隠されているのだろうか。

一般にこの物語は、継体《けいたい》天皇出現後の、皇位継承をめぐる争いを意味しているのではないかと考えられている。継体二十五年（五三一）の天皇崩御ののち、継体の三人の皇子（安閑《あんかん》、宣化《せんか》、欽明）が順番に即位していったと『日本書紀』は言う。

継体天皇系図

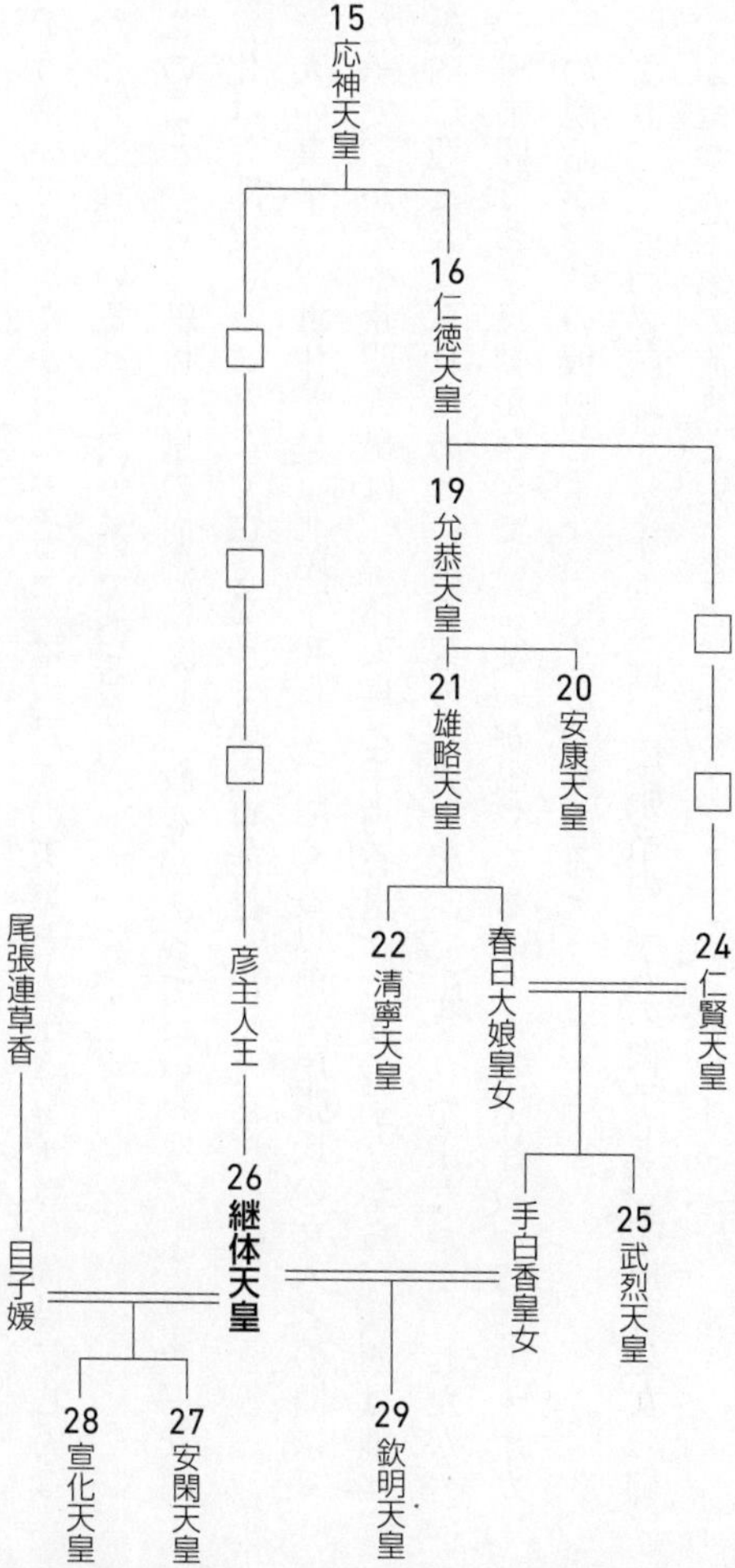
15 応神天皇
16 仁徳天皇
19 允恭天皇
20 安康天皇
21 雄略天皇
22 清寧天皇
春日大娘皇女
24 仁賢天皇
25 武烈天皇
手白香皇女
彦主人王
26 継体天皇
尾張連草香
目子媛
27 安閑天皇
28 宣化天皇
29 欽明天皇

ただし、「或本《あるふみ》に云《い》はく」と別伝が用意され、次のように補足が入る。「継体の死は、三年後の二十八年と記録する本もあるが、二十五年をとったのは、『百済本記《くだらほんき》』にそう書いてあったからだ。そこには、日本の天皇と太子と皇子は、同時に亡くなったと記されている」、というのである。

このことから、継体天皇の崩御に際し、政変があって（いわゆる辛亥《しんがい》の変《へん》）、安閑と宣化は、即位することなく亡くなっていた可能性も出てくる。

二人の皇子は、継体が越《こし》（北陸）からやってくる以前、尾張《おわり》氏の女人との間にできた子で、かたや欽明天皇は、継体天皇と手白香皇女《たしらかのひめみこ》の間の子だから、欽明は継体が畿内に迎え入れられたあとに前王家の女人を娶って生まれた子だった。したがって、兄弟間でお家騒動が起きていた疑いが出てくるのであり、件《くだん》の「二匹のオオカミ」の説話が、この仮説と重なってくるのである。

つまり、二匹の貴い神＝オオカミは、尾張系の二人の御子と、手白香皇女の御子、ふたつの王家の流れということになる。

継体天皇崩御ののち、政変があったのかどうか、はっきりしたことはわからない。ただし、欽明天皇は尾張系の王家を潰す形で即位したことはたしかで、またもうひとつたしかなことは、この新たな王家の誕生に、秦氏が一枚噛んでいたことである。

やはり、歴史書にほとんど登場しないからといって、秦氏を軽視することはできない。秦氏はその後も、縁の下の力持ちとして、常に朝廷を支え続けたのである。たとえば、平安京遷都に際し、秦氏が重要な役割を果たしたことは、当然のことだった。何しろ、京都府南部一帯は、秦氏の本貫地だからである。

ただ、意外に知られていないのは、奈良時代の聖武《しょうむ》天皇と秦氏のつながりである。

『続日本紀《しょくにほんぎ》』天平《てんぴょう》十四年（七四二）八月五日の条には、造宮録正八位《ぞうぐうろくしょう》秦下嶋麻呂《しもしままろ》に従《じゅ》四位下を授け、大秦公《うずまさのきみ》の姓と数々の褒美《ほうび》を賜ったとある。異例の「十四階」特進で、その理由は、恭仁京《くにきょう》造営に寄与したからだ。私財をなげうって、新都造営に尽力した見返りである。

渡来系豪族の悲哀

秦氏や漢氏ら、渡来系豪族の悲しさは、長い間日本の発展に寄与してきながら、高級官僚になることもなく、王家や権力者に仕えてきたことだ。権力者が入れ替われば、新たな権力者にすり寄っていかなければならない。

漢氏の場合、はじめは物部氏や蘇我氏と強く結ばれていた。乙巳の変で最後まで蘇我蝦夷《そがのえみし》を守ろうとしたのは東漢氏《やまとのあやし》であった。ところが、藤原氏が台頭すると、漢氏の末裔たちは、かつての仇敵《きゅうてき》のもとで働かざるを得なかった。そして彼らは、生き残るために、必死に働くのである。

もっともわかりやすい例は、坂上田村麻呂《さかのうえのたむらまろ》であろう（坂上氏は、漢氏系）。東北蝦夷征伐《えみしせいばつ》にてこずった朝廷は、坂上田村麻呂を最前線に送り込み、忠誠心を試した。そして坂上田村麻呂の活躍によって、蝦夷征伐に終止符が打たれたことはつとに名高い。このように、坂上田村麻呂の活躍の裏には、渡来系氏族の、悲しい歴史が横たわっていたのである。

秦氏の場合も、似たり寄ったりである。ただし、秦氏が非農耕民的で、職人や商人、芸能民の集まりだったところに、この一族の別の悲しい歴史が隠されているように思えてならない。時代が下ると次第に彼らは、差別されていく人々となっていくからである。

たとえば、太子信仰は秦氏と密接にからんでいるが、太子講は、主に職人や工人《こうじん》たちによって構成されている。大工、左官、鍛冶《かじ》屋、桶屋、樵《きこり》、鉱夫などだ。彼らの多くは、差別される民となっていったのである。

また、差別される山の民や川の民も、太子信仰の担い手となるが、山の民がなぜ太子信仰に目覚めていったのか、その理由ははっきりとしている。山で鉱山採掘を行う修験者《しゅげんじゃ》は、山の民を使役し、格下の神をあてがったのだという。それが、「若《わか》宮《みや》」や「王子」で、これらは「童子《どうじ》」や「鬼」でもあった。神（鬼）が子供の身なりで現れるという信仰である。そして、山の民の「王子信仰」は、「太子信仰」に入れ替わっていったのだという。

秦氏も鉱山や冶金《やきん》とは密接な関係にあり、「王子＝太子」の発想は、秦氏がからんだことで、成立したのかもしれない。やはり、秦氏と太子信仰は、密接にかかわっていたのである。

ただし、ここで釘をさしておかなければならないことがある。太子信仰と秦氏が深くかかわっていたこと、秦氏とかかわりある人々によって信仰が広まったことは事実であろう。しかしその理由は、聖徳太子が秦河勝を寵愛したことに由来するかというと、首をかしげざるを得ないのである。

秦河勝が背負った十字架

秦氏の歴史には、ひとつの大きな汚点があって、十字架を背負ってしまい、これがその後の秦氏の命運を決してしまったのではないかと筆者は疑っている。それが、秦河勝の蘇我入鹿殺しという推理であり、この事件と『古事記』編纂にも、少なからず因果関係が隠されていたように思えてならない。

『日本書紀』は蘇我入鹿暗殺が中大兄皇子と中臣鎌足の快挙とする。だが実際には、彼らは黒幕であり、直接手を汚したのは秦河勝で、この事件が、太子信仰や『古事記』編纂と、密接に関係しているのではないかと筆者は睨《にら》んでいる。

なぜこのような推理を働かせるのか、以下説明しよう。

不可解なのは、秦氏の聖徳太子に対する接し方ではなかろうか。

太秦の広隆寺の本尊は、聖徳太子三十三歳像で、秦氏が聖徳太子を祀るのは、秦河勝が聖徳太子の寵臣だったためだと、一般には信じられている。しかし、この本尊、奇妙なのだ。というのも、室町時代以来、歴代天皇が即位するたびに、即位儀礼に用いた装束を、この像に贈りつづけてきたからだ。そのため、像は常に豪華な服をまとっている。今上《きんじよう》天皇も、慣習を破っていない。

なぜ、広隆寺で秦氏は聖徳太子を即位させるかのような儀式を、今日まで伝えてきたのだろう。聖徳太子に即位儀礼の服を着せるということは、「即位できずに亡くなられた聖徳太子の霊を慰めるため」なのだろうか。広隆寺の聖徳太子三十三歳像の祀り方に、祟る鬼神《きじん》に対する恐怖心を読み取ることができる。

ではなぜ、室町時代から今日まで、このような慣習が続いたのか。そしてなぜ、秦氏の氏寺・広隆寺の本尊が選ばれたのだろう。

ここで改めて確認しておきたいのは、聖徳太子と蘇我氏の関係である。

すでに触れたように、『日本書紀』の証言とは裏腹に、蘇我本宗家は改革派で、中大兄皇子や中臣鎌足が、改革潰しのために蘇我入鹿を暗殺したと筆者は推理する。そして、中大兄皇子らの犯行を正義の戦いにすり替えるために、聖徳太子という皇族の聖者を編み出し、蘇我入鹿に聖徳太子の子らを滅亡に追い込ませることで、蘇我氏を大悪人にすり替えたと考える。つまり、蘇我氏の手柄はすべて聖徳太子の業績にすり替わったのであり、聖徳太子とは、要するに蘇我氏をモデルに捏造《ねつぞう》された皇族だったのではないか。「秦河勝が蘇我入鹿を殺した」という話は、「秦河勝は聖徳太子を殺した」と言い換えることもできるというのが、筆者の考えである。

秦氏と聖徳太子の関係を探る

そこで、秦氏と聖徳太子の関係を、洗い出してみよう。

平安前期に記された聖徳太子の伝記『上宮聖徳太子伝補闕記《じょうぐうしょうとくたいしでんほけつき》』には、秦河勝が「軍政人《いくさのまつりごとひと》」で、物部守屋《もののべのもりや》討伐戦に聖徳太子とともに参戦したとある。軍勢を率い、聖徳太子を守ろうとしたといい、聖徳太子は河勝に、白膠木《ぬりで》を採らせ、四天王を刻んだという。また、河勝は矢を放ち軍を進め、物部守屋の頭を斬った。そこで四天王寺を営んだという。平安中期の『聖徳太子伝暦《しょうとくたいしでんりゃく》』にも、よく似た記事が載る。秦河勝は、聖徳太子の軍事顧問という認識があったようだ。

四天王寺の楽人を秦氏が務めていたのは、物部討伐戦に秦河勝がかかわっていたからなのだろうか。

また、『上宮聖徳太子伝補闕記』には、推古二十四年（六一六）よりも以前に、聖徳太子が山代《やましろ》（山城）を巡り、蜂丘《はちおか》（蜂岡）に宮を建てたとき、川勝《かわかつ》（秦河勝）が親族を率いて仕えたので、聖徳太子は喜び、宮を与え、新羅が献上してきた仏像を賜った。この宮が蜂岡寺（広隆寺）になったという。やはり、よく似た話が『聖徳太子伝暦』に載る。

室町時代末期に世阿弥の手で編まれた『花伝書《かでんしょ》』には、次の説話が残される。天下にもめ事があったとき、聖徳太子は秦河勝に六十六番の物真似をさせ、六十六番のお面を造り、秦河勝に与えた。橘《たちばな》の内裏《だいり》の紫宸殿《ししんでん》で、これを演じると、天下は治まった。そこで末代のため、聖徳太子は「神楽《かぐら》」の「神」の字の偏《へん》を棄て旁《つくり》を残し、「申」にして、「申楽《さるがく》」と名付けた。

このように、聖徳太子と秦河勝は、いくつかの接点をもつ。けれども、だからといって、広隆寺の本尊が国宝第一号の半跏思惟像《はんかしいぞう》（弥勒《みろく》像）ではなく、聖徳太子三十三歳像で、この仏像に歴代天皇が即位儀礼に用いた服を贈りつづけた理由が解き明かせるわけではない。

問題は、『日本書紀』を読む限り、秦河勝と聖徳太子には、あまり接点が見出せないことだ。推古十一年（六〇三）十一月一日条には、次の説話が載る。

皇太子（聖徳太子）は諸々《もろもろ》の大夫《まえつきみ》たちに、「私は尊い仏像をもっている。誰かこの像を持ち帰って拝まないか」と尋ねると、秦造河勝が進み出て、「私が礼拝します」と申し出た。そこで、蜂岡寺（広隆寺）を建てた。

『日本書紀』に登場する秦河勝は、このあと聖徳太子と交わっていない。

推古十八年（六一〇）十月には、新羅と任那《みまな》の使者の案内役になったことが記され、皇極《こうぎょく》三年（六四四）七月条には、常世神《とこよのかみ》信仰事件（のちに触れる）に登場するが、やはり聖徳太子との接点はない。したがって、『日本書紀』を読む限り、秦河勝と聖徳太子の縁は、深くない。両者の関係が、平安時代に編まれた文書の中で急速に接近していくのはなぜだろう。

なぜ山背大兄王は「山背に逃げましょう」と進言されたのか

謎を解く鍵は、上宮王家滅亡事件ではなかろうか。聖徳太子の子の山背大兄王《やましろのおおえのみこ》と一族が斑鳩《いかるが》で蘇我入鹿の軍勢に襲われ、滅亡した事件である。

『日本書紀』によれば、いったん生駒山《いこまやま》に逃れた山背大兄王に、次のように進言する者があったという。

「願わくは、深草屯倉《ふかくさのみやけ》に移られ、そこから馬で東国にいたり軍隊を起こし、彼らを率いて戻ってくれば、必ず勝ちます」

ここに登場する「深草」は、山城国《やましろのくに》で、現在の京都市伏見区にあたり、ようするに秦大津父の故郷であり、秦氏の勢力圏である。

筆者は、山背大兄王そのものが、架空の存在で、聖者・聖徳太子の子＝山背大兄王一族を滅亡に追い込んだことで、蘇我入鹿は大悪人になるという図式を、『日本書紀』編者が構築したと見るが、ここでふと思うのは、なぜ聖徳太子の子に「山背」の名を負わせ、しかも山城（山背）の地に落ち延びれば助かる、という設定を用意したのか、という疑念である。山背といえば、秦氏を連想する。『日本書紀』編者は、「山背大兄王」の名を「秦氏の隠号」として用いたのではあるまいか。

山背大兄王の滅亡のとき、秦河勝は瀬戸内海を西に向かって逃げたという言い伝えがある。

十八世紀に記された播磨地方の地誌『播磨鑑《はりまかがみ》』に次の説話が残される。皇極二年（六四三）九月、秦河勝は「蘇我入鹿の乱」から逃れ、難波《なにわ》から船に乗り、坂越《さこし》の生島《いきしま》（兵庫県赤穂《あこう》市坂越の湾内に浮かぶ小島）にたどり着いたという。ここにある「蘇我入鹿の乱」とは、上宮王家滅亡事件を指している。

生島の対岸の高台には、大避《おおさけ》神社が鎮座し、大避大神を祀っている。大避大神は秦河勝のことだ。神社の伝承によれば、秦河勝は大化《たいか》三年（六四七）、この地で亡くなったと言い伝えられていて、八十四歳だったという。ちなみに天然記念物の樹林が生い茂る生島は、秦河勝の墓なのだという。

なぜ秦河勝は乙巳の変ののち都に戻らなかったのか

秦河勝が赤穂で亡くなったという伝承は、無視されたままだ。しかし、この大避神社一帯の伝承から、いくつもの不審点があぶり出されてくる。

まず、なぜ秦河勝は、蘇我入鹿暗殺後もこの地に留まったのか、という謎が浮かびあがってくる。

秦河勝が蘇我氏と敵対していたことは間違いあるまい。しかしなぜ、乙巳の変の蘇我入鹿暗殺後すぐに故郷に戻らず、この地で亡くなったのだろう。通説に従えば、蘇我入鹿の死後、中大兄皇子や中臣鎌足の樹立した新政権が誕生していたはずで、秦河勝は英雄として迎え入れられていたはずなのである。

ただし、筆者の仮説を当てはめれば、この謎は、違う形の謎に化ける。

上宮王家は架空の存在であり、滅亡事件は『日本書紀』の捏造と思われる。とすると、秦河勝が逃れてきた「蘇我入鹿の乱」とは、実際には上宮王家滅亡事件ではなく、別の事件を指しているのではないか……。その事件こそ、蘇我入鹿暗殺であり、『播磨鑑』のいう「蘇我入鹿の乱」とは、乙巳の変を言っていたことになる。

つまり、秦河勝は当初蘇我氏に近侍していたが、何かしらの理由があって中大兄皇子や中臣鎌足と共闘戦線を組み、蘇我入鹿暗殺を決行し赤穂の坂越に逃れたのだろう。そう考えれば、孝徳＝親蘇我政権樹立後に戻ることができなかったのは、当然だったことがわかる。

すでに触れたように、蘇我入鹿は暗殺後、鬼となって斉明天皇につきまとい、人々を恐怖のどん底に突き落とした。それは、罪なくして殺された蘇我入鹿が祟って出ると皆信じたからであり、他の拙著の中で述べたように、「祟る蘇我」の恐怖は、聖徳太子信仰につながっていったということである。

藤原氏が八世紀にいたり法隆寺《ほうりゅうじ》を積極的に祀っていくのは、「祟る蘇我」が恐ろしかったからだ。そのいっぽうで藤原氏は「祟る蘇我を恐れている」事実が世に知られれば、「蘇我殺しは犯罪行為だった」ことが露見してしまうので、「法隆寺では聖徳太子という朝廷の聖者を祀っている」と、真相をすり替えたのだ。

秦河勝が広隆寺で聖徳太子を丁重に祀り、聖徳太子三十三歳像に震え上がり、天皇家とともに聖徳太子三十三歳像の即位儀礼を執り行っていたのは、秦河勝が蘇我入鹿暗殺に一枚嚙んでいたからだろう。だからこそ、「蘇我入鹿の乱」ののち、赤穂に逃れ、姿をくらましたのであり、蘇我入鹿暗殺事件で、直接手を汚したのは、おそらく秦河勝だったのだろう。

蘇我氏と親しい関係にあったからこそ、秦河勝は暗殺の実行犯にうってつけだったのではあるまいか。

蘇我入鹿殺しの主犯は秦河勝である

『日本書紀』の乙巳の変にいたる経過の中に、秦河勝が蘇我入鹿暗殺の主犯であった傍証が、いくつも転がっている。

乙巳の変が起きたのは、皇極四年（六四五）六月のこと。その直前、奇妙なふたつの記事が『日本書紀』に載る。

まず、皇極三年（六四四）六月に、巫覡《ふげき》らが木の枝を折って木綿《ゆう》にかけ（神事に用いる）、蘇我入鹿が橋を渡るときをうかがい、神託《しんたく》を告げたという。蘇我入鹿は聞き逃してしまったのだが、これを聞いた老人たちは、口々に、「時世が変化する兆候だ」と囁いたという。そして『日本書紀』は、謡歌《わざうた》三首をかかげ、これは蘇我入鹿暗殺を暗示していたのだ、と結ぶ。

すると翌月、秦河勝が登場する。東国の富士川のほとりで、大生部多《おおうべのおお》なる人物が虫を祀ることを人々に勧めていた。虫は蚕に似ているが常世の神で、長寿と富を得ることができるという。今でいう新興宗教のようなもので、人々は熱狂し、かえって貧しくなる者が現れたという。秦河勝は憤慨し、大生部多を討ってしまった。このとき人々は、次のような歌にしたという。

太秦《うづまさ》は　神《かみ》とも神《かみ》と　聞《きこ》え来《く》る　常世《とこよ》の神《かみ》を　打《う》ち懲《きた》ますも

常世には、ふたつのイメージが重なっている。死後の世界と、不老長寿の世界だ。「太秦」は秦河勝のことで、前半の大生部多の説話がなく、歌だけ取り上げれば、「秦河勝は過ちを犯してしまった」ととることも可能だ。「神の中の神とうわさされる常世の神を誤って懲らしめてしまった」、ということになる。

問題は、この直後の記事で、蘇我蝦夷と入鹿の専横にまつわる記事がつづき、そのあとあまり間を置かず、乙巳の変へとなだれ込んでいくことである。

一連の流れからいって、乙巳の変の予兆が、ふたつ続いたと考えるべきではなかろうか。そしてどちらの説話も、歌によって、すぐあとに起きる事件（乙巳の変）

を暗示しているように思えてならないのである。

すなわち、秦河勝こそ、蘇我入鹿殺しの犯人と考えれば、多くの謎が解けてくる。秦河勝は「神の中の神」と慕われた蘇我入鹿を殺し、祟る蘇我入鹿を恐れたからこそ、広隆寺で「聖徳太子三十三歳像」を丁重に祀ったのだろう。蘇我入鹿を殺した秦河勝は、播磨に落ち延び、蘇我入鹿殺しが政権交替に結びつかなかったために、都に戻ることができなかったのだろう。

そして『日本書紀』は、蘇我入鹿が「神の中の神」と崇められていた事実を抹殺するためにも、「秦河勝の神殺し（蘇我入鹿＝聖徳太子暗殺事件）」を「秦河勝による大生部多退治」という話にすり替える必要があったのだ。そして秦河勝は、「神のような偉人」を殺したことによって、重い十字架を背負い、広隆寺で聖徳太子を丁重に祀り続けてきたのである。

アメーバのような秦氏

すでに述べてきたように、七世紀の行政改革を推進してきたのは、『日本書紀』の主張とは異なり、蘇我氏であった。中央集権国家の建設を目指し、律令《りつりょう》導入を急いでいたのが、蘇我氏である。

これに対し、反動勢力の中心に立っていたのが中大兄皇子と中臣鎌足で、中大兄皇子は皇位継承をめぐり、大海人皇子と反目し、中臣鎌足は半島介入に消極的な蘇我政権を打倒しようと目論んだ。彼らはその手段として、律令導入に反発する守旧派の豪族たちを集めていた。

いっぽう、秦河勝は下級官僚ではあるが、朝廷の財政に携わっていて、蘇我氏とは緊密な関係にあったはずだ。それにもかかわらず、なぜ蘇我入鹿を殺そうと思い詰め中大兄皇子らに手を貸したのだろう。

原因はいろいろ考えられる。この当時、蘇我氏は東漢氏を重用していた。秦氏にすれば、新技術を駆使し勢力を伸ばす漢氏は、脅威であり、妬ましい存在であった。長い年月の間、日本の発展に寄与し、土着化に努めてきた秦氏であったが、「渡来系であることによるハンディ」は消え去ることはなかったから、次第に不満を強めていった可能性がある。

さらに、律令制度が完成すれば、民の私有は禁じられる。膨大な数の秦の民のネットワークも、国家の管理下に置かれる可能性が出てきたのだ。そうなれば、秦氏の発言力が低下するかもしれない。だから、秦河勝には、蘇我入鹿暗殺の動機は備わっていたのである。

いずれにせよ、渡来人としての悲哀を強く感じていたであろう秦河勝が、まるで明智光秀《あけちみつひで》のように、突発的に蘇我入鹿暗殺をしでかしたのかもしれない。

当時、「秦氏」を代表する者は秦河勝であったが、アメーバのような存在である「秦氏」は、その後も、生き残りを懸けて、新たな権力者に仕え、また、利用されていく。壬申の乱を経て、蘇我系の天武天皇が権力を握っても排除されることはなかったし、藤原政権下では、平安京遷都に協力し、藤原氏との間に婚姻関係を結んでいくのである。

この秦氏の行動の中に、『古事記』のもうひとつの顔が隠されているように思えてならない。

『古事記』の秘密

すでに述べたように、大和岩雄は、『古事記』について、次のような仮説を唱えた。多氏が『新撰姓氏録』の偏った系譜に異を唱えるために、『原古事記』に手を加えて編纂した……。そして、秦氏が多氏と強い縁で結ばれていたから、秦氏の斎《いつ》き祀る神々が加えられたと推理したのだった。そして、古代最大級の豪族で、新羅系の渡来人・秦氏の影響もあって、『古事記』は新羅寄りの文書になったという。ただし、『古事記』は単純な、「『日本書紀』に対抗し、新羅を称賛し、多氏や秦氏の業績を顕彰するための歴史書」であったかというと、もっと複雑な感情のもとに記されたのではないかと思えてならない。

おそらく、大和岩雄の推理通り、『古事記』は勅撰《ちょくせん》書ではないし、和銅《わどう》五年（七一二）に記されたものでもなかろう。それでも、『古事記』序文は、臆面もなくこの文書の正統性を主張した。またその中で、『古事記』編者は壬申の乱を懐かしみ、天武天皇を礼讃している。それはなぜかというと、もっとも古い伝統をもった渡来系豪族・秦氏の、苦渋に満ちた歴史と、蘇我入鹿殺しの「重い十字架」もひとつの原因となったのではなかったか。

ここで、秦氏の立場を考えてみよう。

蘇我入鹿暗殺は、巨大豪族・秦氏を束ねる秦河勝の、悩み抜いた末の「改革事業に対する抵抗」だったかもしれない。ライバルの東漢氏は改革事業を後押しし、蘇我氏に重用されていたから、秦河勝には焦りもあっただろう。しかし、蘇我本宗家滅亡と孝徳天皇の蹉跌《さてつ》によって、百済救援失敗と日本滅亡の危機が到来した。しかも、百済の遺民が大量に渡海し、一気に新来の百済系帰化人が、近江朝に充満してしまったのだ。このような状況を、秦氏は予想もしていなかっただろう。

天智天皇と中臣鎌足のもとで百済系帰化人が跋扈《ばっこ》する状況は、新羅系の秦氏にとっては、悪夢以外の何ものでもなかったろう。壬申の乱で一度は最悪の事態は払拭できたものの、持統天皇が即位し、藤原氏が台頭すると、ふたたび「親百済政権」が出来上がってしまったのである。

長岡京、平安京遷都によって、秦氏は藤原氏に協力し、過去から脱却し、大いに発展するチャンスを得た。しかし、蓋を開けてみれば、百済系藤原氏の専制政治という悪夢が待ち構えていたのである。

ふり返ってみれば、秦河勝の蘇我入鹿殺しが、秦氏にとってのターニングポイントであった。秦氏にとって、消したくとも消せない歴史であり、秦河勝はキリストを裏切った「ユダ」に通じる。

秦氏は、蘇我入鹿殺しを悔い、蘇我入鹿を丁重に祀りあげたのだろう。そして秦氏は、天武朝を懐かしみ、多氏とともに、『古事記』編纂に加わり、秦氏の奉祭する神統譜を『古事記』に加上し、新羅王子アメノヒボコや神功皇后説話をかかげることによって、「ささやかな正統性証明」を試みたということだろう。

このように、『古事記』には、渡来系豪族の切ない思いが詰め込まれているように思えて仕方ないのである。

おわりに

日本人が祀《まつ》る神は、最初からやさしい存在ではなかった。たいがいの場合、もともとは「祟る恐ろしい神」なのだった。人智のおよばない強大な力を振り回す恐ろしい神をなだめすかし、祀りあげることで、今度はこちらを守ってくれるありがたい神になる……。このようにわれわれの御先祖様たちは、信じたのだ。神輿《みこし》を担いで練りまわるのも、恐ろしい神の無《ぶ》聊《りょう》を慰めるためだ。

平安京に恐怖をもたらした菅原道真《すがわらのみちざね》が、いつの間にか受験の神様になってしまったのが、いい例だ。神は大自然と同じで、暴れ回ることもあるが、恵みをもたらす者でもあった。ようするに、日本人にとって神とは、大自然そのものだったのであり、有り余った力で人々を苦しめるような神でなければ、逆に御利益《ごりやく》をもたらす力も弱いと考えたのである。日本人にとって、神は鬼で、鬼は神だったのだ。

当然、「敬い祀られる聖徳太子」も、当初は「祟る恐ろしい神」と恐れられたのだろう。けれども、『日本書紀』を読む限り、聖徳太子は、ただ単に、改革事業を展開し、日本に仏教を広めた聖者でしかなかった。そうなってくると、秦河勝《はたのかわかつ》の末裔《まつえい》が聖徳太子三十三歳像（広隆寺）に即位儀礼に用いた服を着せ続けたことこそ、大きな謎だったのだ。しかし、秦河勝が蘇我入鹿を殺し、「祟る聖徳太子」「鬼の蘇我入鹿」に震え上がっていたとすれば、謎は氷解する。

さらに秦氏は、『古事記』の中にそっと新羅《しらぎ》系の神統譜を掲げていた。また、『古事記』はアメノヒボコから神功皇后にいたる系譜を高らかに掲げ、日本の王家に新羅王家の血が注がれていた事実を、喧伝してみせた。ここに、『古事記』の謎が隠されていたのである（ただし、拙著『蘇我氏の正体』で述べたように、アメノヒボコは日本から新羅に渡った人物の末裔と考える。それはともかく……）。

ところで秦氏は、渡来系豪族でありながら、日本土着の神祇《じんぎ》信仰を積極的に取り入れていったことで知られている。たとえば、八幡信仰も稲荷信仰も、そして太子信仰も、秦氏抜きに語ることはできない。八幡系と稲荷系ふたつで、日本中の神社の半数以上を占めてしまう。すると秦氏とは、「日本人以上に日本人になった人たち」で、われわれの信仰の基礎を築いた人々といっても過言ではないのである。

その秦氏が、天武天皇の壬申の乱を強く意識した『古事記』編纂にかかわっていたとすれば、ここに歴史の皮肉を感じずにはいられない。

大和岩雄《おおわいわお》が述べるように、『古事記』は平安時代に多氏《おおし》によって編まれた文書であろう。ただし、多氏は『新撰姓氏録《しんせんしょうじろく》』の記事に対抗しただけではなく、「できれば過去の真実を後世に伝えたい」と願い、『古事記』を編纂したのではあるまいか。

平安時代、多氏に限らず多くの人々が、「飛鳥」を懐かしんでいたはずだ。すでに奈良時代、平城京の一部は、「平城《なら》の飛鳥」と呼ばれ、飛鳥に都が置かれた時代を偲《しの》んでいた。『古事記』は、序文に壬申の乱を描写することによって、藤原氏が朝堂《ちょうどう》を独占する以前の「古き良き時代の日本」の輝きを、後の世に伝えようと企てたのではなかったか。

ところが、「古き良き時代」に終止符を打つきっかけをつくってしまったのは、秦氏であった。彼らは、「蘇我入鹿殺し」という十字架を背負い、もがき苦しみ続けたのだろう。平安京遷都によって、秦氏はかつてない繁栄を勝ち取ったが、平安京の主は百済《くだら》系藤原氏であり、手放しで喜べたわけではあるまい。また、藤原を憎む多くの人たちは、藤原の片棒を担ぐ秦氏を冷ややかに見つめていただろう。

結局、秦氏の胸に去来したのは、大きな虚無ではなかったか。そして、だからこそ、『古事記』の中で、アメノヒボコの時代にさかのぼって、新羅（伽耶）系渡来人の正統性を訴えたかったのではなかろうか。

なお、今回の執筆にあたり、ＰＨＰ研究所の山田雅庸氏、編集の野崎雄三氏、歴史作家の梅澤恵美子氏に御尽力いただきました。改めてお礼申し上げます。

合掌

文庫版あとがき

『古事記』や『日本書紀』を読んでいてつくづく思うのは、古代女性の地位の高さだ。神話の中心に立っていたのはアマテラスで、歴史の締めを飾ったのは、推古《すいこ》天皇と持統《じとう》天皇だった。まるでブックエンドのように、女性が歴史を包み込んでいる。ただし、なぜ六世紀後半の段階で突然に推古女帝が求められたのか、その理由がよくわかっていない。

結論を先に言ってしまえば、推古天皇は物部《もののべ》系の皇族で、物部氏の力を政権側に引き込むために担ぎ上げられたのではなかったか。改革事業最大の障害になったのは日本中に広大な土地を所有する物部氏の存在で、彼らが国に土地を差し出さない限り、律令制度は完成しなかった。だからこそ、改革派の蘇我《そが》氏と物部氏は争ったのだが、蘇我氏が物部系の推古天皇を推戴《すいたい》することで、懐柔《かいじゅう》したのだろう。『日本書紀』は、蘇我氏が物部氏と婚姻関係を結んで富と権力を得た点に関しては認めている。つまり、「物部系の推古天皇」が、この時代の鍵を握っていたのだろう（詳細は拙著『女系で読み解く天皇の古代史』ＰＨＰ新書）。

根拠はある。『元興寺伽藍縁起幷流記資財帳《がんごうじがらんえんぎならびにるきしざいちょう》』に「大々王《おおおおきみ》」なる女傑が登場し、聡耳皇子《とみみのみこ》（聖徳太子）に元興寺を建立するよう命じ、物部氏に「仏教弾圧をやめるように」と諭している。その大々王は、推古天皇のことと考えられてきたが、人物を特定するための条件を精査すると、聖徳太子の母で蘇我系皇族の穴穂部間人皇女《あなほべのはしひとのひめみこ》にも当てはまる。また、大々王は物部氏らに向かって「わが一族よ」と呼びかけ、仏教迫害をやめるように諭している。

問題は、穴穂部間人皇女の兄・穴穂部皇子《あなほべのみこ》と崇峻《すしゅん》天皇は、なぜか物部守屋と共同戦線を張って蘇我氏と対立し、滅ぼされていたことだ。穴穂部間人皇女を『元興寺伽藍縁起幷流記資財帳』が言う大々王で、『日本書紀』の言う推古天皇で物部系だとすれば、多くの謎が解けてくる。そして、『古事記』があえて推古天皇の時代に歴史記述をやめたのは、推古天皇の正体を知ってほしいという願いを込めてのことだったのではないかと思いいたる。

まだまだ『古事記』には、謎が多い。これからも、その真相を解き明かしていこうと思う。

参考文献

『古事記祝詞』日本古典文學大系（岩波書店）
『日本書紀』日本古典文學大系（岩波書店）
『風土記』日本古典文學大系（岩波書店）
『萬葉集』日本古典文學大系（岩波書店）
『続日本紀』新日本古典文学大系（岩波書店）
『新訂 魏志倭人伝・後漢書倭伝・宋書倭国伝・隋書倭国伝』石原道博編訳（岩波文庫）
『新訂 旧唐書倭国日本伝・宋史日本伝・元史日本伝』石原道博編訳（岩波文庫）
『三国史記倭人伝』佐伯有清編訳（岩波文庫）
『先代舊事本紀 訓註』大野七三校訂編集（新人物往来社）
『日本の神々』谷川健一編（白水社）
『神道大系 神社編』（神道大系編纂会）
『古語拾遺』斎部広成撰 西宮一民校注（岩波文庫）
『藤氏家伝 注釈と研究』沖森卓也 佐藤信 矢嶋泉（吉川弘文館）
『日本書紀』新編日本古典文学全集（小学館）
『古事記』新編日本古典文学全集（小学館）
『本居宣長全集 第九巻』大野晋編（筑摩書房）
『日本書紀成立考』大和岩雄（大和書房）

『古事記のひみつ』三浦佑之（吉川弘文館）
『直木孝次郎古代を語る3　神話と古事記・日本書紀』直木孝次郎（吉川弘文館）
『古事記の歴史意識』矢嶋泉（吉川弘文館）
『古事記成立考』大和岩雄（大和書房）
『論集　古事記の成立』倉野憲司他（大和書房）
『秦氏の研究』大和岩雄（大和書房）
『大化改新』遠山美都男（中公新書）
『「大化改新」史論　上巻　下巻』門脇禎二（思文閣出版）
『天武天皇出生の謎』大和岩雄（六興出版）
『葛城と古代国家』門脇禎二（教育社）
『秦氏とカモ氏』中村修也（臨川選書）
『謎の渡来人　秦氏』水谷千秋（文春新書）
『古代の日本と渡来人』井上満郎（明石書店）
『花伝書新解』金井清光（明治書院）
『倭国と渡来人』田中史生（吉川弘文館）
『古事記の起源』工藤隆（中公新書）
『『古事記』偽書説は成り立たないか』大和岩雄（大和書房）
『記紀神話の成立』三宅和朗（吉川弘文館）

著者紹介
関　裕二（せき　ゆうじ）
1959年、千葉県柏市生まれ。歴史作家。武蔵野学院大学日本総合研究所スペシャルアカデミックフェロー。仏教美術に魅せられて足繁く奈良に通い、日本古代史を研究。文献史学・考古学・民俗学など、学問の枠にとらわれない広い視野から日本古代史、そして日本史全般にわたる研究・執筆活動に取り組む。
主な著書に、『蘇我氏の正体』（新潮文庫）、『豊璋 藤原鎌足の正体』（河出書房新社）、『検証！ 古代史「十大遺跡」の謎』『古代日本人と朝鮮半島』『万葉集に隠された古代史の真実』『こんなに面白かった古代史「謎解き」入門』『地形で読み解く古代史の謎』『古代史に隠された天皇と鬼の正体』（以上、PHP文庫）、『海洋の日本古代史』『女系で読み解く天皇の古代史』（以上、PHP新書）など。

本書は、2012年3月にPHP研究所より刊行された『『古事記』と壬申の乱』を改題し、加筆・修正したものです。

PHP文庫 『古事記』に隠された「壬申の乱」の真相

2022年10月17日 第1版第1刷

著　者　関　裕二
発行者　永田貴之
発行所　株式会社ＰＨＰ研究所
東京本部　〒135-8137 江東区豊洲5-6-52
PHP文庫出版部　☎03-3520-9617（編集）
普及部　☎03-3520-9630（販売）
京都本部　〒601-8411 京都市南区西九条北ノ内町11
PHP INTERFACE　https://www.php.co.jp/
組　版　有限会社エヴリ・シンク
印刷所
製本所　図書印刷株式会社

ISBN978-4-569-90258-6

PHP文庫

古代日本人と朝鮮半島

関 裕二 著

日本人、朝鮮人、中国人は、なぜこれほど気質が違うのか？　その謎を解く鍵は、古代史にあった！　日本人のルーツに迫る驚きの真相とは？